SALAIRE, CE QUE VOUS POUVEZ NÉGOCIER

Frédéric Giquel

SALAIRE, CE QUE VOUS POUVEZ NÉGOCIER

Éditions
d'Organisation

Éditions d'Organisation
1, rue Thénard
75240 Paris Cedex 05
Consultez notre site :
www.editions-organisation.com

Je réussis mes premiers recrutements, 2002
Vive mes années senior !, 2002
J'ai l'esprit réseau, 2002
Je veux du temps pour moi, 2002
Évaluation : j'ai la cote, 2002
Boulot, j'ai toujours le bon plan, 2002
50 trucs et astuces pour travailler futé, 2003
Savoir se vendre en interne, 2003
Licenciement, côté psy, 2003

et aussi

Méthode déclic
Je décroche mon premier job

Le code de la propriété intellectuelle du 1er juillet 1992 interdit en effet expressément la photocopie à usage collectif sans autorisation des ayants droit. Or, cette pratique s'est généralisée notamment dans l'enseignement, provoquant une baisse brutale des achats de livres, au point que la possibilité même pour les auteurs de créer des œuvres nouvelles et de les faire éditer correctement est aujourd'hui menacée.
En application de la loi du 11 mars 1957 il est interdit de reproduire intégralement ou partiellement le présent ouvrage, sur quelque support que ce soit, sans autorisation de l'Éditeur ou du Centre Français d'Exploitation du Droit de Copie, 20, rue des Grands-Augustins, 75006 Paris.

© Apec, 2003, Éditions d'Organisation, 2003
ISBN : 2-7081-2994-5

SOMMAIRE

Introduction	VII
Au bas de ma fiche de paie	
LE SALARIÉ, SON SALAIRE, SA RÉMUNÉRATION	1
Salaire de base, brut, net... tous les salaires	2
Le bulletin de salaire, boussole du salarié	4
Bienvenue dans le package salarial	8
Je compte tout et ça va mieux	
CES AVANTAGES EN NATURE SI VITE OUBLIÉS	15
Merci, le comité d'entreprise !	16
À combien se chiffrent ces avantages ?	20
Vous dites rémunération différée ?	
LES BONS POINTS DE L'ÉPARGNE SALARIALE	29
Épargne salariale : quand la belle endormie se réveille	30
Le PEE, un ami qui vous veut du bien	33
Chouette, une prime !	
LES BOOSTERS DE VOTRE RÉMUNÉRATION	43
Les primes toutes catégories	44
Actionnariat salarié, stock-options suivez les cours !	47
Du « revenu » pour la retraite ?	50
À propos d'augmentation	
UN EMPLOYEUR, DES NÉGOCIATIONS ET MOI	57
Qu'est-ce qu'une politique salariale ?	58
La convention collective, une base solide	61
Place aux politiques de rémunération globale	64

Sommaire

Patron, je mérite une augmentation
NÉGOCIEZ GAGNANT   75
   Combien gagnerez-vous demain ?   76
   Je connais ma valeur financière   81
   N'annoncez pas d'emblée la couleur de l'argent   83

Choisir la bonne rémunération
QUAND LES FORMULES DE RÉMUNÉRATION SE MULTIPLIENT   93
   Ma remunération d'un point de vue financier   94
   Le jack-pot de l'épargne salariale   99
   Diminuer la pression fiscale   102

Gagner plus mais après ?
DONNER UN SECOND SOUFFLE À MA RÉMUNÉRATION   111
   Et si j'essayais de transformer l'essai...   112
   Le salaire artisan de ma richesse   114
   Les guides de votre épargne   116

GLOSSAIRE   127

INTRODUCTION
QUAND LA CIGALE ET LA FOURMI FONT AMI-AMI

Avant c'était simple. Il suffisait de jeter un œil au bas de son bulletin de salaire pour savoir ce que l'on gagnait VRAIMENT : une somme nette de charges sociales, virée chaque fin de mois sur un compte bancaire. Au mieux, selon les cas, venaient s'ajouter un treizième voire, pour les plus chanceux, un quatorzième mois. C'était si simple que certains parlent encore ainsi de leur rémunération : « Ce qui compte c'est la dernière ligne de ma fiche de paie, ce que j'ai sur mon compte en banque le dernier jour du mois ». Point barre !

Mais voilà : ne considérer que ce salaire net, c'est adopter une vision tronquée de sa rémunération (salaire et rémunération, il y a une différence !). C'est surtout n'entrevoir aucune des possibilités ni aucun des moyens de la faire évoluer. Certes, direz vous. Mais cela ne nous rendra pas plus riche... Faux : aujourd'hui, et de plus en plus, les salariés vont devoir apprendre à projeter leur rémunération dans le futur. Un peu comme ils le font pour leur carrière. Salaires, individualisation, intéressement, primes, participation, avantages, épargne, retraite... En quelques mots, nous sommes déjà loin du « net au bas de ma fiche de paie ». Donc du court terme.

Comprendre, par exemple, toute l'importance du montant du premier salaire, seuil pas seulement psychologique, qu'il convient de fixer avec attention : vous savez que c'est à partir de ce seuil qu'évoluera votre rémunération future. Mieux vaut donc qu'il soit le plus élevé possible.

Comprendre pourquoi 3 000 euros de prime ne valent pas un abondement de même valeur versé sur votre PEE : vous avez décodé la manière dont la fiscalité « impacte » les différents composants de votre rémunération et pouvez dès lors analyser rapidement une proposition.

Comprendre encore comment, faute d'avoir pu négocier avec succès votre dernière demande d'augmentation vous auriez cependant pu gagner plus.... autrement : vous connaissez le prix d'une formation et son impact futur sur votre progression. Mais un portable ne vous aurait pas déplu non plus.

Négocier, diversifier, épargner...en matière de rémunération comme de gestion individuelle de carrière vous devrez apprendre à faire des choix. Plus nombreux. Pas forcément plus simples. Il devient donc important pour tout salarié de comprendre comment est calculée sa rémunération ; comment elle peut évoluer ; comment dès aujourd'hui il peut construire un patrimoine.

La cigale peut elle devenir amie avec la fourmi ? Autrement dit, comment concilier rémunération immédiate et rémunération différée ? Comment gagner plus aujourd'hui et demain et construire votre futur « financier » ?

Cet ouvrage vous donne toutes les clés pour comprendre, proposer, négocier, anticiper.

1 AU BAS DE MA FICHE DE PAIE

LE SALARIÉ, SON SALAIRE, SA RÉMUNÉRATION

« Ce qui compte, c'est ce qui est au bas de ma fiche de paie ! »... réponse quasi unanime des salariés lorsqu'on les questionne sur leur salaire. Mais réduire sa rémunération au salaire net mensuel, est simplificateur. Certes, ce net mensuel provisionne votre compte bancaire. En grande partie du moins. Mais pour comprendre véritablement ce qu'est une rémunération, il faut revenir aux sources : décrypter la substance du salaire et les grandes lignes du bulletin de salaire. Un préalable indispensable pour pouvoir répondre à la question : combien je gagne vraiment ? Et pour mieux anticiper ce que vous gagnerez demain.

SALAIRE DE BASE, BRUT, NET... TOUS LES SALAIRES

« Tout travail mérite salaire »... Longtemps, la reconnaissance du travail a été matérialisée par le versement d'un salaire. Mais aujourd'hui, l'adage a vieilli et ne traduit plus complètement le rapport au travail et au... salaire. Par petites touches, ce dernier s'est en effet transformé. Au point qu'aujourd'hui, on parle davantage de rémunération voire de rémunération globale. Ne grillons pas les étapes. On sait que le salaire est à la source de la rémunération. Mais sait-on ce qu'il représente ? *« Voilà une question piège par excellence*, répond Jacques Delmas, DRH dans le groupe Sysinfo. *Et pour appréhender la réponse dans toute sa diversité, il faut revenir à la source. Par définition, le salaire est une somme d'argent que l'on perçoit en contrepartie d'un travail effectué : dès lors que vous percevez un salaire, vous devenez salarié. »* Concrètement, l'ensemble repose sur un contrat de travail signé avec l'employeur. Y sont définies les obligations du salarié ainsi que le salaire qu'il touchera en contrepartie. Mais vous avez dit « piège » ? *« Oui, car dans les faits on est loin du compte. Entrons maintenant dans le détail »*.

Le premier élément à prendre en considération est qu'un salaire comprend plusieurs strates. La première d'entre elles est ce que les professionnels de la rémunération appellent le **« salaire de base »**. Son montant ne peut être inférieur au minimum légal, c'est à dire au SMIC (Salaire minimum interprofessionnel de croissance), soit 1 172,74 euros pour 169 heures au 1er juillet 2003, un montant fixé et révisé régulièrement par le gouvernement. *« Ce salaire de base est défini dans le contrat de travail qui, lui-même, doit être conforme à la convention collective de la branche d'activité s'il en existe une*, poursuit Jacques Delmas. *Les conventions collectives ou accords d'entreprise fixent une grille des salaires qui doit être respectée. En somme, le salaire de base est une rémunération fixe et stable. C'est la sécurité du salarié. »*

Seconde strate de la pyramide : le **« salaire brut »**. Il s'agit du « salaire de base » auquel peuvent s'ajouter, le cas échéant, des primes et/ou des avantages en nature soumis à cotisations. Son montant représente ce qui est dû au salarié avant que ne soient prélevées les charges sociales. Dans certains cas bien sûr, ce salaire brut est égal au salaire de base. Interviennent alors les prélèvements sociaux. Une fois ces derniers effectués, apparaît alors le « **salaire net** ». C'est celui qui est versé sur votre compte bancaire, une fois par mois (ou payé par chèque voire en espèces si le montant mensuel est inférieur à 1 524,49 euros).

Ce découpage en trois strates paraît simple. Il n'explique cependant pas la manière dont est fixé le salaire. Là aussi, quelques principes sont de mise. Le premier est le principe de liberté : votre employeur et vous-même définissez librement, de manière contractuelle, le montant du salaire, sous couvert bien sûr, de respecter le minima du SMIC et les éventuels accords de la convention collective. Deuxième principe, garde-fou contre les abus de pouvoir, la loi. Elle impose à l'employeur l'égalité de traitement entre les hommes et les femmes et encadre la rémunération des jeunes, des apprentis, des handicapés. Dernier principe, lui aussi encadré par la loi : la mensualisation du salaire. Elle est aujourd'hui quasi-systématique. Ainsi, chacun est payé au mois, sans qu'il soit tenu compte du nombre d'heures ou de jours réellement travaillés dans le mois. Un nombre, par définition, variable.

Ce rappel, initiatique pour certains, ne saurait suffire. Chaque salarié, cadre ou non, doit également connaître les principes d'évolution de son salaire. Et pour commencer : il n'existe aucun « droit » à augmentation. Il convient cependant de modérer cette affirmation puisque les négociations conclues avec les partenaires sociaux peuvent amener l'employeur à augmenter les salaires. La loi oblige en effet les entreprises à une négociation annuelle sur les salaires et le temps de travail. Cette négociation se fait entre les partenaires sociaux : l'employeur et les délégués des organisations syndicales présentes dans l'entreprise. Cette négociation peut déboucher sur des augmentations générales mais une augmentation du salaire régulière et égale à celle du coût de la vie n'est pas légale. Notons que les augmentations générales concernent peu les cadres.

Enfin, des dispositions légales, comme le passage aux 35 heures, vont également influer sur les politiques salariales des entreprises. En matière de réduction du temps de travail (RTT), l'accord d'entreprise prévoit bien souvent un gel voire une légère baisse des salaires, lors du passage aux 35 heures.

Hors ces paramètres qui vont « impacter » positivement ou négativement les rémunérations, la piste à privilégier pour tout salarié qui souhaite voir sa rémunération progresser, est la démarche individuelle. La liberté de négociation est au cœur de sa rémunération. L'enquête 2002 de l'Apec sur la rémunération des cadres confirme ce point puisque, dans 68 % des cas (contre 56 % en 1997), l'augmentation de la rémunération résultait d'une démarche individuelle.

LE BULLETIN DE SALAIRE, BOUSSOLE DU SALARIÉ

Brut ou net ? Pour beaucoup de salariés, ces deux adjectifs suffisent à résumer toutes les questions que l'on peut se poser en matière de rémunération. Tout pourrait d'ailleurs s'arrêter là, car chacun sait faire la différence entre un salaire brut et son équivalent net. Et comprend qu'une salve de charges a grevé le premier pour produire le second. Pourtant, par mesure de précaution, ne manquez pas de vous faire préciser par l'employeur, lors de l'embauche, si le salaire indiqué est brut ou net. Faire la distinction est une chose, l'exploiter en est une autre. Combien, en effet, sont-ils à se dire, comme Michèle, jeune cadre embauchée il y a deux ans, dans une grande entreprise de restauration rapide, *« mon bulletin de salaire, j'y jetais un œil les premiers mois. Puis, au fil du temps, je me suis juste penchée sur le montant au bas de la feuille, voilà tout. »* Michèle n'est pas la seule pour qui le salaire net (le montant versé mensuellement sur le compte bancaire) fait office de rémunération. *« C'est ce que l'on gagne vraiment, c'est ce qui compte »* estime-t-elle. Soit ! Mais ce bon sens emprunte quelques raccourcis qui peuvent mener tout droit au cul-de-sac. Explications....

Quiconque exerce une activité professionnelle rémunérée doit aussi recevoir le justificatif du calcul des différentes cotisations afférentes au salaire brut. Le tout consigné sur une fiche de paye (également appelée bulletin de salaire ou bulletin de paye). C'est là que tout commence. Chacun sait – ou devrait savoir – que la fiche de paye est un document important qu'il faut conserver toute sa vie (les employeurs sont eux tenus de le conserver 5 ans). Pas seulement parce que l'heure de la retraite venue, ces documents attesteront de vos années de travail mais parce que *« le bulletin de salaire recèle un nombre important d'informations. Il est un moyen de vérification sans pareil, et un justificatif de vos droits divers et variés, tant face aux caisses de Sécurité sociale que vis-à-vis des Assedic ou des impôts et même en cas de conflit avec un employeur »*, rappelle Michel Benoît, un représentant syndical des cadres à la CFDT. Et nous de penser : « Que diable peut bien m'apprendre cette succession de lignes, d'abréviations, de calculs, de chiffres auxquels je n'entends pas grand chose ? » Pourtant, ce document, pour peu qu'il soit compris, suivi, constitue pour les salariés une véritable boussole de leur rémunération.

Pour comprendre comment ce bulletin de salaire peut constituer une véritable boussole de votre rémunération, commençons par rappeler que la base initiale de tout calcul est le salaire annuel ou mensuel brut. C'est lui qui est inscrit dans le contrat de travail. Pour ensuite passer du brut au net, il faut déduire de 20 à 25 % de cotisations :« *Quand un cadre est engagé à 3 000 euros bruts par mois, il doit comprendre qu'il aura dans sa poche environ 2 250 euros,* explique Jacques Delmas. *La pente est donc forte. Comprendre où « vont » les montants de ces diverses « ponctions », c'est mieux appréhender sa rémunération globale. Pas par civisme mais parce que tout cela nous concerne.* »

Car c'est bien d'un choix collectif qu'il s'agit, un choix de société qui fait même débat : disposer d'une bonne protection santé, assurer une retraite par répartition, couvrir des charges collectives, assurer une protection contre le chômage. En ce sens une rémunération ne saurait se réduire au salaire net.

Ces « 20 à 25 % en moins », ne tombent donc pas dans une escarcelle sans fond. Ils financent, notamment, les prestations sociales auxquelles les Français vouent un profond attachement[1]. Mais le cheminement reste cependant très compliqué. Le premier « aspirateur » de votre salaire brut se nomme « Sécurité sociale ». Chacun cotise pour le présent, à savoir « l'assurance maladie, maternité, invalidité, décès ». Mais aussi pour l'avenir à savoir « l'assurance vieillesse », la retraite en somme. Ces diverses cotisations sont calculées sur 100 % du salaire ou sur une assiette

---

1. L'employeur prend à sa charge environ 2/3 des charges contre 1/3 pour le salarié, de quoi ne pas oublier le rôle majeur des entreprises dans le financement de la protection sociale des salariés.

moindre dans certains cas. Elles sont « saupoudrées » d'une cotisation pour la retraite complémentaire obligatoire et, pour les cadres, d'une cotisation à une caisse de retraite des cadres. Ajoutons la cotisation Assedic pour « rémunérer » les chômeurs (dont le taux est passé à 6,40 % en 2003 contre 5,80 % précédemment). Mais ce n'est pas tout : les salariés se sont accoutumés depuis une dizaine d'années à la CSG (Contribution sociale généralisée), instaurée pour financer une partie des dépenses de la Sécurité sociale et dont le taux (5,1 %) est calculé sur la base de 95 % du salaire brut. Dernière petite ponction : la CRDS (Contribution pour le remboursement de la dette sociale), dont le taux est de 0,5 % et qui devrait prendre fin en... 2014. À noter qu'à cet impôt s'ajoute encore 2,4 % de CSG non déductible. Cet ensemble forme les prélèvements sociaux (ils s'appliquent également aux revenus tirés du capital, c'est-à-dire aux intérêts de l'épargne).

Encore une fois, ce rapide petit décryptage des cotisations prélevées sur votre salaire n'a qu'un objectif : vous faire prendre conscience que ces prélèvements, ouvrent droit à des prestations sociales (remboursements maladie, allocations chômage...). Et s'il est impossible d'échapper à un mode de financement fondé sur un principe de solidarité, il est en revanche possible (et sans doute souhaitable) de ne pas trop solliciter les prestations.

Ces prestations, certains (malades, chômeurs...) en profiteront logiquement plus que d'autres. Mais, d'une certaine manière, elles sont une composante de votre rémunération globale. Exemple : quand vous allez chez votre médecin, vous ne déboursez quasiment rien, exceptée une éventuelle avance des frais : « Merci l'assurance maladie ! ». Cet exemple montre à quel point il serait réducteur de limiter sa rémunération au seul salaire net. Certes, les ponctions effectuées sur le salaire brut diminuent ce dernier d'environ 20 à 25 % mais elles sont constitutives de droits à prestation. Aussi est-il important de connaître le niveau de cotisations auquel on est soumis (le catalogue des taux de cotisations change souvent et les cas particuliers sont légion) et à quelles fins l'on cotise. D'autres éléments du salaire sont soumis à ces cotisations : heures supplémentaires, indemnités de congés payés, primes, avantages en nature... Et ne pensez pas que votre employeur pourrait, par on ne sait trop quel moyen, vous faire exempter de l'un ou l'autre de ces prélèvements... obligatoires.

Comme le rappelle Edmond Bunel, associé au cabinet de recrutement ABConseil : « *Les marges de manœuvre de l'employeur sont limitées. Au fond, il n'est qu'un exécutant qui collecte.* »

À quoi bon toutes ces explications ? En savoir un peu plus ne vous rendra pas plus riche ? Pas si sûr. Vous le comprendrez au fil des pages de cet ouvrage : plus vous serez informé sur les composantes de votre rémunération, mieux vous pourrez la négocier. Retenez déjà que cette ligne au bas de votre fiche de paie, ce salaire « réel », « tangible », « palpable », « disponible »... vous pourriez presque parler de « cash », n'est pas l'image exacte de la rémunération. En savoir un peu plus vous permettra également (avant de découvrir qu'il existe bien d'autres sources de rémunération, tout aussi intéressantes sur la durée, sinon plus), de ne pas vous laisser impressionner par certains trompe-l'œil. Ainsi, « *certaines conventions collectives sont sur le plan de la rémunération apparemment très attractives,* note Jacques Turbot, spécialiste de la question salariale et auteurs de nombreux ouvrages (voir encadré pratique en fin de chapitre). *Exemple : les salaires peuvent être versés contractuellement sur 14 voire 15 mois au lieu de 12 ou 13. Que faut-il en déduire dans l'évaluation de sa rémunération ? Rien ! Il est impératif de rapporter le tout en salaire brut annuel. Lui seul compte en définitive. Toute comparaison doit reposer sur ce total, nullement sur sa découpe temporelle.* »

Rien n'indique, en effet, qu'un cadre payé sur 13 mois gagnera, au final, moins qu'un cadre payé sur 15 mois. D'autant, on le rappellera pour mémoire, que l'ensemble des cotisations est redevable sur les 13, 14 ou 15e mois... De surcroît, il faut savoir que la fiche de paye ne renseigne pas sur la totalité de la rémunération, loin de là. Les revenus résultant des formules d'épargne salariale (participation, intéressement, abondement dans un plan d'épargne entreprise, voir chapitre 3) n'y sont, par exemple, pas mentionnés. D'une part parce que les montants perçus ne sont pas soumis aux charges fiscales et sociales, hormis à la CSG (Contribution sociale généralisée) et à la CRDS (Contribution au remboursement de la dette sociale) qui sont prélevées au moment du versement par l'employeur. D'autre part parce que l'épargne salariale n'a pas vocation à se substituer à tout élément de rémunération. Enfin, certains avantages en nature comme la voiture de fonction qui représente pourtant un élément important de la rémunération pour les cadres qui en bénéficient, ne figurent pas non plus sur le bulletin de salaire.

BIENVENUE DANS LE PACKAGE SALARIAL

Peut-être ne vous êtes-vous jamais interrogé sur la réalité de votre rémunération. Posez ce livre et essayez, par exemple, de lister puis de peser, même grossièrement, les éléments qui composent cet ensemble appelé « rémunération ». Immédiatement, vous y incluez votre salaire net. Mais au-delà ? Ne bénéficiez-vous pas de certains avantages dont vous pourriez ne prendre conscience que le jour où vous n'en disposeriez plus ? Vous voyez : tout se complique... Françoise, cadre dans une entreprise d'arts décoratifs, avoue ignorer l'équivalent, en euros, des avantages qu'elle perçoit. Elle reconnaît être « privilégiée » : une voiture de fonction, un téléphone portable sur lequel elle passe des appels personnels et la mise à disposition d'une assistante maternelle par son employeur... on peut dire que Françoise est « très » privilégiée. Peu de salariés encore sont dans son cas, même si les entreprises tendent à développer ces avantages. Mais ce n'est pas tout : à ces « plus » dont bénéficie Françoise, s'ajoute une rémunération variable (intéressement, épargne salariale). Là aussi, la part de salariés concernés est à la hausse. D'après l'Apec (enquête rémunération), 73 % des cadres ont perçu une rémunération comprenant au moins une partie variable en 2001.

C'est pour tenir compte de tous ces éléments constitutifs d'une rémunération que les chefs d'entreprise ont de plus en plus recours au concept de « rémunération globale », dont la rémunération variable est l'une des composantes. Ainsi Aqsacom, une entreprise spécialisée dans la gestion des réseaux informatiques, propose à ses nouveaux salariés un « package salarial » qui comprend, outre un salaire de base, un plan d'épargne entreprise, de l'intéressement, un contrat de retraite complémentaire financé à 100 % par l'entreprise et, bien sûr, les inévitables tickets-restaurants... Ce concept de « rémunération globale » se développe à grande vitesse et plus encore en période de faibles augmentations des salaires. « *Dresser un panorama des rémunérations permet de mettre en perspective ce qui contribue à majorer de diverses manières le salaire de base* », explique-t-on au service ressources humaines du groupe Médéric, spécialiste de la prévoyance en entreprise. D'après l'Observatoire Novacy sur l'épargne salariale, 54 % des entreprises considèrent désormais l'épargne salariale comme un élément de leur politique de rémunération globale. Pour Olivier de Fontenay, directeur du développement chez Novacy, pourvoyeur de solutions d'épargne salariale, « *il est temps que l'entreprise communique avec beaucoup plus d'habileté et fasse la somme de tout ce qu'elle verse au salarié. Combien sont-elles à remettre, aujourd'hui, un document sur lequel la rémunération au sens large est détaillée puis totalisée ? La communication salariale devient de plus en plus nécessaire – notamment lors du dialogue avec le salarié – à mesure que la rémunération complémentaire au salaire de base s'accroît.* »

Nous entrons donc, à grands pas, dans l'ère de la rémunération globale : à côté du salaire, qui reste le socle fixe de la rémunération – et les syndicats veillent au grain – d'autres formes de revenus se développent. Un mouvement amorcé au milieu des années 90 quand les entreprises se sont engagées dans une approche de plus en plus globale de leur politique de rémunération leur permettant soit d'associer les salariés aux résultats par la participation et l'intéressement, soit de partager avec eux la valorisation de l'action par le processus de l'ouverture de leur capital ou de l'attribution d'options. Ces démarches permettent d'une part, d'impliquer plus et mieux les salariés au fonctionnement et à la réussite de l'entreprise et, d'autre part, d'augmenter leurs revenus sans générer d'accroissement de la masse salariale.

Les employeurs gagnent, bien sûr, à développer l'approche du salaire par la rémunération globale. Financièrement, du moins. Il est encore trop tôt pour tirer des conclusions au niveau de la fidélisation et de la motivation du personnel. Mais cette approche bénéficie-t-elle aux salariés ? Oui, dans une large mesure, même s'il leur est parfois difficile d'appréhender un concept de rémunération éloigné du simple et traditionnel salaire. Nicole, cadre au Crédit Mutuel, ne cache pas ses interrogations : « *Mon patron me dit toujours que le régime de retraite complémentaire qu'il a mis en place, c'est de la rémunération. Je veux bien, mais cela veut dire combien pour moi à court terme ? »* Rien, il est vrai. Ce régime de retraite, alimenté en franchise de charges, est une « rémunération » différée que Nicole ne pourra réellement appréhender qu'une fois... retraitée. Ce qui, pour le moment et compte tenu de son jeune âge, lui paraît très lointain : *« Qui, des projections sur trente ans, peuvent-elles intéresser ?* se demande Nicole... *De toute façon, d'ici là, je ne travaillerai sans doute plus ici. »* Peut-être. Mais Nicole ne perdra pas le bénéfice des droits acquis avec ce contrat, même s'ils seront amoindris.

Vous l'avez compris : aujourd'hui, une rémunération ne saurait se limiter à un temps donné, à un « net » donné. Elle se construit, évolue, comme les éléments qui la composent.

Portrait robot de la rémunération globale

SALAIRE DE BASE
+
Convention Collective, 13ᵉ mois, Primes, Gratifications
=
SALAIRE DIRECT
+
Participation, Intéressement, Plan Épargne Entreprise, Stock-Options
=
RÉMUNÉRATION VARIABLE ET DIFFÉRÉE
+
Logement, Repas, Comité d'entreprise, Voiture de fonction, Téléphone portable, Prêts de l'employeur, Matériel de l'entreprise...
=
RÉMUNÉRATION INDIRECTE
+
Mutuelle santé, Contrat prévoyance, Retraite collective, Compte épargne temps, Assurances diverses...
=
RÉMUNÉRATION DE REMPLACEMENT

Le salarié, son salaire, sa rémunération

CODE

Le bulletin de salaire et la loi

Quelques articles de loi valent quelquefois mieux que de grandes démonstrations. Retenez bien ces extraits du Code du travail, vous serez incollable sur votre fiche de paye. En cas de besoin, n'hésitez pas à remonter à la source, plongez-vous dans le Code du travail.

- Tout travail commandé par un employeur vaut avec le versement du salaire l'établissement d'une fiche de paie, selon le Code du travail (art. L.143-3, R.143-2).
- La règle de paiement du salaire est mensuelle, sauf précisions de la convention collective (art. L 143-2). Il ne doit pas s'écouler plus d'un mois entre le versement de deux salaires mensuels, quelle que soit la date de règlement dans le mois.
- Doit obligatoirement figurer sur le bulletin (art. R 143-2 du Code du travail) : coordonnées de l'employeur, de l'établissement pour lequel vous avez travaillé, le numéro SIREN (9 chiffres attribués à chaque entreprise), le numéro d'identité URSSAF de l'entreprise, la convention collective s'il en existe une, le montant brut de votre rémunération, les primes éventuelles, l'ensemble des déductions légales (cotisations), les dates de congés, et bien sûr le net à payer. À noter que la fiche de paye ne doit pas comporter d'informations sur l'exercice du droit de grève par le salarié ou sur son activité syndicale.
- Accepter sans protestation une fiche de paye n'interdit pas de formuler ensuite une réclamation (art. L 143-4). Concernant le salaire, la prescription est de cinq ans (art. L 143-14).
- Si vous devez de l'argent à une personne, celle-ci peut avec l'autorisation du juge d'instance faire saisir une part de votre salaire (art. L 145-1 et suivants, art. R 145-1 et suivants).

ZOOM

En France, 50 % des salariés gagnent moins de 1 380 euros

Exemple de lecture : 10 % des salariés du secteur privé gagnent moins de 868 euros par mois. Inversement, 10 % gagnent plus de 2 688 euros.

Le niveau des salaires est toujours très étalé en France. Entre hommes et femmes, les inégalités persistent également. La moitié des salariés masculins gagnent 17 130 euros nets par an, contre 15 500 pour la moitié des femmes. Si l'on raisonne en salaire moyen, le niveau du salaire augmente, porté par les rémunérations les plus élevées. Attention au trompe-l'œil. Le salaire annuel net moyen était de 20 440 euros par an en 2000 (21 940 pour les hommes, 17 540 pour les femmes), avec un salaire moyen de 39 360 euros pour les cadres. En 2000, un cadre percevait en moyenne, un salaire mensuel net de 3 280 euros, soit 2,6 fois celui d'un ouvrier ou d'un employé.

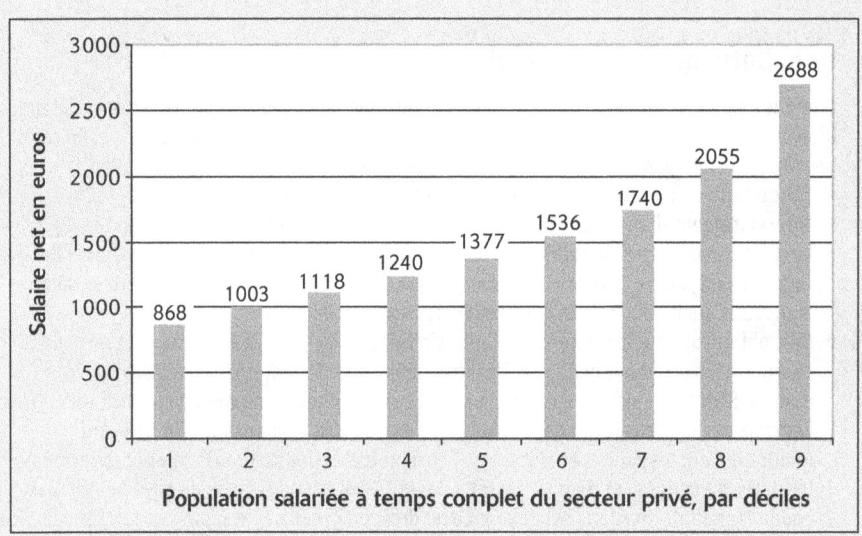

Les salaires en France

Source : Insee, année 2000 (1 377 euros correspond au salaire médian)

SONDAGE

Les jeunes cadres satisfaits de leur rémunération

Seraient-ils moins exigeants que leurs aînés ? Ils étaient 73 % à se dire satisfaits de leur niveau de rémunération, selon l'enquête « les jeunes cadres et l'entreprise » réalisée en 2001 par l'Ifop pour l'Institut de l'Entreprise auprès de jeunes cadres âgés de 25 à 35 ans. De même, 68 % approuvaient le niveau de leur augmentation la plus récente. Ils sont en revanche déjà plus critiques sur les modes de rémunération de l'entreprise, puisque 41 % d'entre eux les jugent insatisfaisants. Autre point de désaccord, la manière dont sont déterminées les augmentations de salaire. 53 % des jeunes sont à ce titre insatisfaits. Mais c'est sur la cohérence des politiques de rémunération dans l'entreprise qu'ils sont les plus mécontents, à 55 %.

À SAVOIR

4 déterminants du salaire des cadres

- **Les hommes gagnent plus que les femmes ?**
  Vrai. Côté rémunération, on est loin de l'égalité homme-femme. En gros, les hommes ont une rémunération supérieure d'environ 25 % à celle de leurs homologues féminins de même statut. Mais ce pourcentage est trompeur : les hommes occupent souvent des fonctions dans des secteurs plus rémunérateurs. Hommes et femmes n'occupent pas non plus les mêmes emplois.
- **Le diplôme fait le salaire ?**
  En partie vrai. Le diplôme est au départ une base de fixation du salaire. Un jeune diplômé d'un grande école sera recruté à un niveau de salaire plus élevé qu'un Bac+2 ou un non diplômé. Cela évolue par la suite, diront certains : sous entendu l'individu, sa personnalité, son capital compétences faisant la différence. Oui mais, ce sont aussi les plus diplômés qui accèdent le plus souvent aux fonctions de management, les plus rémunératrices.
- **Paris, toujours meilleur payeur ?**
  Vrai. Entre deux cadres de même formation, de même âge et occupant une fonction similaire, le cadre francilien est mieux rémunéré que son homologue qui travaille en région. Près d'un cadre sur deux travaille en Ile-de-France où les salaires sont les plus élevés.
- **Les grands groupes plus généreux que les pme ?**
  Grandes ou petites, les entreprises disposent *a priori* des mêmes outils de rémunération (les petites pouvant désormais offrir à leurs salariés un plan d'épargne entreprise ce qui tend à les mettre sur un pied d'égalité avec les grandes structures). En revanche, les grands groupes toujours soucieux de s'attirer les meilleurs candidats n'hésitent pas à miser davantage au départ que ne peuvent le faire des structures plus modestes. En outre, dans ces grands groupes, intéressement et participation peuvent correspondre les bonnes années à l'équivalent d'un mois de salaire. Enfin, les éléments connexes à la rémunération qu'offrent à leurs salariés ces grandes structures, comptent pour beaucoup : retraite complémentaire, régime de prévoyance performant....

À LIRE

Le guide pratique de tous les salaires (*Êtes-vous bien payé ?*) 2002, Prat éditions, 208 pages. 14,80 €

Le conseiller pratique du salarié, Les guides pour tous, Prat éditions, 2002

La fiche de paie, Marie Defrénois, Rebondir, 2001

PEE, un placement formidable, Jacques Turbot, Editions Dunod

2 JE COMPTE TOUT ET ÇA VA MIEUX

CES AVANTAGES EN NATURE SI VITE OUBLIÉS

Tickets-resto, places de ciné, de théâtre, club de gym ou, pour les mieux servis, voiture de fonction....au chapitre de votre rémunération figure également ce qu'on appelle les « avantages en nature ». Nous sommes de plus en plus nombreux à profiter de ces petits plus, parfois grands, qui viennent gonfler notre rémunération. La liste de ces avantages est longue, ils pèsent d'un poids variable dans une rémunération globale. Justement, comment identifier et évaluer cet ensemble peu homogène ? Cela peut vous être utile au moment d'intégrer une entreprise ou avant de la... quitter.

MERCI, LE COMITÉ D'ENTREPRISE !

« *Lorsque j'ai été recrutée chez Vivendi, je n'ai pas réalisé à quel point j'allais apprécier tous ces petits « à côtés » apparemment sans importance*, raconte Véronique. *Grâce au comité d'entreprise du groupe j'ai bénéficié, notamment, de réductions sur du matériel informatique, mais aussi sur des places de cinéma ou de concert. Un vrai bonus pour mon mari et moi qui sortons énormément. Cerise sur le gâteau : je me suis inscrite à une salle de sport pour moitié prix. Si je devais payer tout cela de ma poche, j'y regarderais sûrement à deux fois car cela me coûterait une petite fortune.* » Comme Véronique, des milliers de salariés, cadres ou non, bénéficient de ces généreuses faveurs consenties par les comités d'entreprise ou certains employeurs désireux de fidéliser leurs salariés. « Petits plus », « bonus », « réducs »...il n'est pas rare, le moment venu, de faire les comptes, de réaliser que ces petits avantages peuvent représenter de 1 à 20 % de la rémunération, voire davantage. On les appelle de manière générique les « avantages en nature ». De la rémunération non-monétaire, en quelque sorte. Même s'ils finissent, à un moment ou à un autre, par se « traduire » en argent comptant.

Schématiquement, est appelé « avantage en nature » tout ce qui est du salaire non payé par espèces, chèques, ou virement. Et, que vous le vouliez ou on, ces avantages font partie intégrante de votre rémunération. Une chose que beaucoup de salariés ignorent, notamment en début de carrière. Le Code du travail, dans son article L.140-2, est formel : la rémunération comprend « le salaire ou traitement ordinaire de base ou minimum et tous les autres avantages et accessoires payés, directement ou indirectement, en espèces ou en nature, par l'employeur au travailleur en raison de l'emploi de ce dernier ». À ce titre, les avantages en nature sont obligatoirement soumis aux cotisations sociales et à l'impôt sur le revenu à leur valeur réelle. Encore une fois, Il convient donc de perdre cette habitude – très française – de ne compter pour rémunération, que les espèces. D'ailleurs, la convention collective ou le contrat de travail peuvent prévoir certains de ces avantages. Pour les autres, l'usage, la tradition, voire l'expérimentation sont la règle.

Le Code du travail a beau les évoquer, il est toutefois devenu impossible de dresser une liste complète des avantages en nature et autres « à côtés » distribués par les entreprises françaises. Même si certains reviennent régulièrement dans le package salarial (voir notre liste non exhaustive). Mais ne confondons pas : *« il y a des avantages en nature qui sont avant tout des outils de travail,* prévient Françoise, ex-directrice des ressources humaines dans une société de prestations de services. *Si on met à votre disposition un ordinateur mais que vous n'en ayez qu'un usage professionnel, ce n'est absolument pas un avantage. Pas de confusion, donc. »* Et pourtant. À y regarder de plus près, bien des outils dits professionnels peuvent être utilisés à titre privé. C'est, justement, le cas de l'ordinateur ou du téléphone portable.

Certes. Mais ils sont quelques uns à, presque, regretter ces avantages en forme d'outils de travail (c'est le cas notamment des « produits nomades ») qui induisent souvent un surcroît de travail. Selon l'enquête rémunérations 2002 de l'Apec, 62 % des cadres disent ainsi disposer d'au moins un équipement fourni par leur entreprise. Pour les deux tiers d'entre eux, ces équipements conduisent à travailler plus. Mais, à 55 %, ils considèrent aussi qu'il s'agit d'un complément de leur rémunération : si vous pouvez utiliser votre téléphone portable à des fins personnelles, l'avantage financier existe bel et bien car vous pourrez peut-être vous dispenser de souscrire un abonnement à titre personnel. Vous êtes dans ce cas ? Sachez alors que sur la base d'un forfait minimum de 30 euros par mois, vous économisez la somme rondelette de 360 euros dans une année !

Il en va ainsi pour Olivier, jeune cadre commercial dans une grande entreprise d'isolants thermiques. *« Le portable fourni par mon employeur me sert dans le cadre professionnel mais également pour mes communications privées. Je n'ai donc pas souscrit d'abonnement à titre personnel. Malgré quelques contreparties comme une disponibilité totale (liée à la nature de mon travail et non à cet outil), j'y trouve largement mon compte sur un plan financier. »* Olivier réalise une économie. Dit autrement, il dispose d'une rémunération supplémentaire puisque, sans cet avantage, il aurait *« inévitablement »* souscrit un abonnement à titre personnel. Il en va de même avec l'ordinateur que l'on peut discrètement utiliser à titre privé, ainsi que les forfaits Internet souscrits par l'employeur. De même, vous pouvez bénéficier de réductions sur les produits de votre entreprise. Si ces ristournes ne dépassent pas 30 %, elles sont tolérées par l'Urssaf qui ne les soumet pas à charges. Ces petits « plus », ces avantages, constituent une bonne entrée en matière dans l'univers du « package salarial ».

En fait, le terme d'avantages en nature recouvre très précisément ce que l'on appelle la rémunération « complémentaire » ou « indirecte ». Ainsi le « contrat santé » d'entreprise qui est une assurance complémentaire santé dont l'employeur finance une partie. Aujourd'hui, 85 % de la population française est couverte par ce type de contrat, dont la moitié *via* leur entreprise. Cette dernière proportion est la mieux servie : « *Le contrat collectif présente en général des garanties supplémentaires aux contrats souscrits à titre individuel pour un coût moindre,* explique Alain Starzynski, directeur commercial chez Gan Prévoyance. *En effet, l'employeur prend en charge au moins la moitié de la cotisation. Et le contrat permet de couvrir l'ensemble de la famille indépendamment du nombre de personnes qui la composent.* » Pourtant, bon nombre de salariés ne mesurent que partiellement le « prix » de cet avantage. C'est effectivement lorsque l'on est obligé de s'assurer à titre privé (comptez, en moyenne, un prix deux fois plus élevé si vous êtes seul à payer une cotisation) que l'on mesure le moindre coût d'une couverture *via* l'entreprise. Selon le groupe de prévoyance Médéric, « *les enquêtes démontrent qu'une forte majorité de salariés considère que le cadre de l'accord collectif est la meilleure solution pour bénéficier de cette couverture, qui est alors perçue comme plus solidaire, plus simple et moins chère* ». Nous sommes bien là en présence d'un réel avantage (et non d'un « dû ») que vous devrez intégrer dans la grille d'évaluation de votre rémunération. Il en va de même avec les contrats de prévoyance souscrits par l'entreprise et qui assurent à vos proches le versement d'un capital substantiel (40 000 euros en moyenne), en cas de décès.

Alors, bien sûr, ces « plus », notamment lorsqu'ils se concrétisent dans les contrats santé ou de prévoyance, font moins rêver qu'une voiture, un ordinateur, une carte « Fréquence plus » d'Air France... des avantages bien concrets ceux-là. La voiture de fonction ? On en compte quelque 1,5 million en circulation aujourd'hui. Soit deux fois plus qu'au début des années 90. On sait que le budget voiture, au sein d'une famille, est assez conséquent :

au second rang derrière l'achat immobilier selon l'Insee (Institut national de la statistique et des études économiques). Environ 6000 euros par an et par famille (carburant compris), sont dédiés à l'automobile. Vu sous cet angle, la voiture de fonction c'est évidemment le « super avantage ». D'ailleurs, si le montant de son estimation varie, les cabinets de conseil en rémunération le chiffrent à plusieurs milliers d'euros. Car il faut savoir également que si cet avantage doit être déclaré au fisc, il ne l'est pas à sa valeur réelle. À l'instar du logement de fonction. Mais ce véhicule de fonction ne sera considéré comme un avantage en nature que si vous en avez un usage privé (sinon il reste un outil de travail). Voiture et logement de fonction doivent bien sûr obligatoirement être déclarés à l'administration fiscale. Les méthodes de calcul ont d'ailleurs été normalisées par les services fiscaux depuis le 1er janvier 2003.

On pourrait multiplier les exemples de ces bonus qui finissent par gonfler votre rémunération sans que vous en soyez toujours conscient. Reste qu'en matière d'avantages, les entreprises ne sont pas sur un pied d'égalité. Certaines sont très généreuses (elles en jouent même pour séduire des candidats et de fidéliser certains de leurs salariés), d'autres sont moins dispendieuses. Ce sont bien sûr les grands groupes qui, et de loin, sont les mieux armés. Tout d'abord grâce au poids du comité d'entreprise (CE) financé par l'entreprise elle-même. Créé en 1945, le CE est obligatoire dans les entreprises de plus de 50 salariés où il gère, notamment, les œuvres sociales (on en compte cependant dans certaines entreprises employant moins de 50 salariés). Certains comme celui d'EDF sont même qualifiés d'« État dans l'État » et suscitent des convoitises (il représente 1 % de chaque facture d'électricité et peut donc financer à foison bon nombre d'activités culturelles). Entre autres bonus, EDF offre à ses salariés des places de cinéma à moitié prix ou des vacances dans des centres réservés, le tout à prix cassés.

Autre « pourvoyeur » d'avantages : le cœur de métier de l'entreprise. À EDF toujours, les salariés ne paient de leur poche que 10 % de leur consommation d'électricité ! Si, par exemple, vous intégrez un groupe bancaire, vous pourrez souscrire des emprunts immobiliers à des taux très... préférentiels (comprenez sans la marge de la banque). Si vous êtes salarié du groupe d'hôtellerie Accor, vous serez détenteur de la carte qui ouvre droit à des réductions sur les locations de voitures, sur les chambres d'hôtels ou encore les restaurants. Et si vous travaillez au sein d'une compagnie aérienne, vous bénéficierez de réductions substantielles sur vos voyages. En intégrant Air France, par exemple, vous (et certains membres de votre famille) ne devrez vous acquitter, pour chacun de vos voyages, que de 10 % du prix billet ! Imbattable pour qui est fan du *jet lag* ! Définitivement, ces avantages sont aussi « *du salaire,* insiste Michel Pouget, responsable de la rémunération dans la société de gestion de portefeuilles Vega. *Dit autrement, ce sont autant de dépenses ou de frais en moins.* » Et, sur le sujet, on peut multiplier les exemples : vous intégrez une compagnie d'assurances ? Tant mieux pour vous, car vous allez voir le montant de vos cotisations revu à la baisse. Sans que le fisc y trouve forcément à redire...

À COMBIEN SE CHIFFRENT CES AVANTAGES ?

Sans ces bonus de toute sorte, Thierry reconnaît qu'il verrait sa rémunération fondre d'environ 20 %. Tickets-restaurant, mutuelle santé, places ciné et/ou théâtre, carte de fidélité permettant d'engranger des miles à chaque vol professionnel... Thierry avoue avoir mesuré le prix de ces « petits cadeaux » en changeant à plusieurs reprises d'employeurs. « *On a vite fait de se lancer dans de véritables comptes d'apothicaire,* résume-t-il. *Dix euros par-ci, cinquante autres par là... Sans même parler des économies d'impôts qu'ils génèrent. À l'embauche, entre 200 euros de salaire en plus ou des avantages qui m'intéressent, mon choix est fait : gagner plus, c'est bien, mais on y laisse tellement d'impôts. Ce qui n'exclut pas de savoir négocier ses augmentations par la suite* ».

Impôts, charges sociales et salariales... le cœur du problème est de calculer l'équivalent « cash » de ces avantages octroyés par l'entreprise. « *Même si le salarié estime que ces avantages ne font pas partie de sa rémunération, le jour où il change d'entreprise, la question va inévitablement se poser,* explique Michel Pouget. *Sauf à quitter son entreprise pour un salaire beaucoup plus élevé, il va devoir s'interroger sur la valeur économique de tous ces à-côtés et faire fonctionner la balance. Imaginez que le salaire de base que vous propose votre nouvel employeur soit plus élevé... disons de 10 %. Mais, qu'en revanche, vous ne disposiez plus de la voiture de fonction que vous octroyait votre ex-employeur... Vous pouvez alors, et tous comptes faits, perdre au change. Que restera-t-il en effet de ces 10 % supplémentaires, si vous devez acheter cette voiture dont vous ne disposez plus ? Sans compter les impôts supplémentaires sur le revenu dont vous devrez vous acquitter pour ce surcroît de salaire... »* Pas si simple. Et chaque cas est particulier.

Donc, parlons argent ! Et pour commencer notre évaluation de ces divers avantages en nature dont chacun peut bénéficier, rappelons qu'un avantage en nature fait partie de la rémunération s'il apporte un « plus » sur le plan privé. Si l'avantage est purement professionnel, il ne doit pas entrer en ligne de compte dans le décompte de votre rémunération globale (le téléphone portable que vous utilisez exclusivement pour des conversations professionnelles, ne doit pas être valorisé. C'est un outil de travail, voilà tout). On évitera, dans le même esprit, de considérer comme un ingrédient du « package salarial », des avantages en nature qui nous semblent inutiles. Ainsi, toujours dans le cadre du téléphone portable, votre employeur vous fournit un appareil tout en précisant qu'il vous autorise à l'utiliser à des fins personnelles. Si vous ne le faites jamais et/ou considérez que, dans tous les cas, vous n'auriez jamais souscrit un abonnement à ce type d'appareil, excluez sans plus attendre cet avantage de votre rémunération globale. Ce préalable posé, attachons-nous maintenant à convertir vos « avantages en nature » en... euros. Mais pas n'importe quel euro. L'euro avant impôts. Les avantages en nature sont convertis en euros pour être valorisés et additionnés. Le résultat de l'addition donne un équivalent en salaire net qui permet de déterminer le salaire brut correspondant. En fait, il faut donner à votre avantage en nature un équivalent en salaire brut. C'est la solution retenue par les spécialistes des cabinets de conseil en rémunération. Pourquoi en salaire brut ? Parce que tout avantage n'est pas soumis de la même manière aux impôts et aux cotisations sociales.

Allez, appelez-en à votre bon sens et à votre calculette : votre employeur vous distribue chaque début de mois des tickets restaurant d'une valeur faciale de 7 euros, avec une prise en charge à 60 % (le maximum, le minimum étant 50 %). La participation de l'employeur est alors de 4,2 euros sur chaque ticket, la vôtre de 2,8 euros. Vous bénéficiez alors d'une augmentation de pouvoir d'achat mensuelle – exonérée de charges – de 84 euros (4,2 x 20). Ce n'est pas négligeable, sachant que cette même somme versée en salaire et non en tickets restaurants aurait, au final, été moindre. Elle aurait en effet été amputée de 20 %, soit 16,80 euros. Sur une année entière, le gain des tickets restaurants se monte à 184,8 euros (16,80 x 11, puisque les tickets restaurants ne sont pas délivrés pendant les vacances). Vous mesurez donc immédiatement le manque à gagner si, demain, votre patron décidait de supprimer cet avantage. Dans le cas où vous ne bénéficiez pas encore du ticket restaurant, vous en percevez d'autant mieux l'intérêt. Vous ne souhaitez pas vous lancer dans des calculs très compliqués ? *« Posez-vous alors, et toujours, ces trois questions : cet avantage est-il important pour moi ? Aurais-je pu m'en passer ? Combien m'aurait-il coûté à titre individuel si je n'avais pu m'en passer ? »* conseille Michel Pouget de la société Vega.

Résumons-nous : par définition, un avantage en nature est une rémunération... non-monétaire. Acceptons cette définition même si de nombreuses controverses existent à ce sujet, pas seulement en France d'ailleurs. Ce qui importe pour nous, c'est bien de savoir si, oui ou non, tel avantage fait partie de la rémunération. Lors du calcul d'une indemnité de préavis, par exemple, les avantages doivent-ils être intégrés à cette indemnité ? Oui, à partir du moment où ils étaient versés régulièrement. Et puis, il faut rappeler que la loi a prévu l'évaluation des avantages en nature. C'est indispensable pour s'assurer que, ajouté au salaire de base, tout salarié perçoive au moins le SMIC. Sauf pour les repas et le logement qui sont évalués selon des règles propres déterminées par l'administration fiscale, l'avantage est calculé à sa valeur réelle.

Ils sont de plus en plus nombreux à en convenir : l'argent n'est pas tout. Certains avantages en nature permettent d'améliorer la vie, tout simplement en vous la facilitant. Tenez, depuis quelques années, et avant même que ne soit votée la loi sur les 35 heures, certaines entreprises se sont lancées lancent sur le créneau des « avantages services ». L'idée est toujours la même : fidéliser les salariés en leur offrant des services dits « de proximité », qui leur procurent un gain de temps certain. Et donc, mine de rien, la possibilité de réaliser quelques substantielles économies. Par exemple ? Un service de livraison de courses, un pressing, un standard de réservation de spectacles, une crèche d'entreprise, une salle de gym et même des massages au bureau... autant de temps gagné, autant d'argent non dépensé... par les salariés. Accor Services, une filiale du groupe Accor, propose toute une gamme de prestations aux entreprises intéressées. Son leitmotiv, « le bien-être à la carte ». *« Nous apportons des réponses à des demandes concrètes de salariés d'entreprises,* explique-t-on à la direction ressources humaines du groupe. *Pour leurs enfants, par exemple, la mise en place de baby-sitting à la demande, de séjours linguistiques ou de soutien scolaire... Tous ces avantages, très appréciés, vont gagner du terrain ces prochaines années. »* Pour une fois, le cordonnier n'est pas le plus mal chaussé : les cadres (et non l'ensemble des salariés) d'Accor Services disposent, eux, d'un « concierge » chargé de trouver réponse à tout « problème d'intendance ». On appelle ça une entreprise « family friendly » !

Gain de temps, gain d'argent... et vice-versa. *« Quand mon entreprise a mis en place une crèche au sein de ses locaux, cela m'a facilité la vie,* raconte Jacques, conseiller financier au Crédit Agricole. *Plus de temps, moins de frais et notre enfant lui, s'y est senti bien. Je considère cela comme l'équivalent d'une augmentation de salaire. »* Ces pratiques restent encore marginales (les petites entreprises ne pouvant rivaliser avec les grandes). Selon la Cegos, moins de 5 % des entreprises proposaient, en 2001, de tels services. C'est peu, d'autant plus qu'il faut encore connaître leur existence au moment de l'embauche. Ce qui n'est pas toujours possible : *« Vous n'allez pas interroger votre futur employeur sur ces petits plus, lors d'un entretien de recrutement. Cela pourrait faire mauvais effet »,* témoigne Françoise, consultante. *Vous pouvez, en revanche, questionner quelques salariés, au hasard de vos rendez-vous. Un bon moyen aussi de tâter l'ambiance de l'entreprise... ».*

AVANTAGES

Partez en vacances… avec votre employeur

Créés en 1982, les chèques-vacances permettent de préparer son budget vacances avec l'aide de son employeur. Ces chèques sont distribués par l'ANCV (Agence nationale des chèques vacances) et acceptés dans 135.000 points de vente en France (hôtels, restaurants, voyages…). Un million de salariés en bénéficient, soit environ quatre millions de personnes en incluant les familles. Cet avantage est une aide différée dans le temps, donc exonérée de charges sociales. Vous pouvez, par exemple, épargner chaque mois entre 23 à 231 euros. De son côté, votre employeur vous « offre » un complément de 25 % à 4 fois ce montant. Pas négligeable. Voilà de la rémunération différée et non imposable. Quand vous disposez d'un comité d'entreprise, c'est selon ses critères que sont octroyés ces chèques-vacances. Pour les entreprises plus petites, des critères fiscaux sont imposés pour en bénéficier (le revenu fiscal d'une personne seule ne doit pas dépasser 16320 euros). Pour en savoir plus, connectez-vous sur **www.ancv.fr**

DÉCLARATION

Les avantages en nature et l'URSSAF

Peut-on faire bénéficier d'avantages en nature sans verser son écot à l'URSSAF qui, rappelons-le, collecte les ressources de la Sécurité sociale ? Non, bien sûr : tout n'est pas permis. Mais l'URSSAF affiche une certaine tolérance en la matière. En ce qui concerne les avantages en nature, tout est prévu. Pas d'autre issue, donc. Sauf que ce collecteur de cotisations ne contrôle pas l'usage d'appareils comme le téléphone portable ou l'ordinateur. De la même manière, s'il n'y a pas d'abus, l'URSSAF passe l'éponge sur les avantages offerts par le comité d'entreprise, même s'il rappelle *« que toutes les sommes versées par les comités d'entreprise aux salariés, sous forme d'avantages en nature ou en espèces, sont soumises à cotisations »*. Les bons d'achat sont ainsi exonérés s'ils ne dépassent pas les 5 % du plafond mensuel de la Sécurité sociale (114 euros)… Ouf ! Egalement exonérés, les cadeaux reçus pour un mariage ou une naissance, sauf si leur valeur paraît démesurée. Mais ne jouez pas au plus malin : quand un avantage en nature doit être déclaré et soumis à cotisations, n'essayez pas d'y échapper. Si vous êtes pris, vous serez accusé de fraude fiscale et redevable de toutes les pénalités afférentes.

> **BONUS**

Les avantages en nature les plus répandus

- **La prévoyance complémentaire santé (communément mutuelle)** : l'employeur prend à sa charge 50 % ou plus de la cotisation annuelle. Vous pouvez alors couvrir à moindre coût votre famille. Pas négligeable, puisqu'à titre individuel, souscrire un complémentaire santé familiale coûte en moyenne 1000 euros par an.
- **Le prévoyance complémentaire invalidité décès** : il peut être lié à la « mutuelle santé ». En cas de décès, vos proches touchent alors un capital de l'ordre de 40 000 euros. Ou vous-même en cas d'invalidité. Très précieux pour les ménages avec des enfants en bas âges.
- **Les tickets restaurants** : ils sont financés de 50 à 60 % de leur valeur par l'entreprise. Ainsi, si vous percevez 20 chèques restaurants d'une valeur de 7,5 euros chacun pour un mois, vous ne payez que 3 euros de votre poche si l'employeur finance à 60 %, soit 60 euros sur une valeur de 150 euros mensuels. Le nombre de chèques reçus chaque mois équivaut au nombre de jours ouvrés dans le mois.
- **L'outil nomade** : ordinateur, téléphone portable, agenda électronique...
- **La voiture/ le logement de fonction** : deux avantages qui peuvent valoir de l'or puisqu'ils ne sont souvent pas déclarés à leur valeur réelle.
- **Les réductions sur les produits maison** : un avantage qui va du produit maison à 15 euros jusqu'au prêt immobilier à taux réduit.
- **Les salle de sport, la piscine, la salle de jeux** : des lieux de loisirs ou d'accueil appréciés.
- **Les miles sur les compagnies aériennes** : un sacré « plus » pour les aventuriers du ciel qui s'offrent ainsi des vacances à moindres frais grâce aux miles enregistrés sur leur carte.
- **Les bons d'achat, les chèques vacances, les tarifs réduits** sur les spectacles, partenariats avec des marques : des petits plus qui rendent la vie moins chère.
- **La crèche d'entreprise, le sos nounou, les livraisons de courses, le parking de l'entreprise, etc.** : des services encore peu répandus mais très appréciés.
- **L'utilisation du matériel d'entreprise pour un usage privé** : on n'en abuse pas, mais cela permet, à la longue, de substantielles économies (photocopies, Internet, téléphone...).
- **La formation financée par l'entreprise** : lorsqu'elle booste votre carrière (en vous octroyant un diplôme, par exemple), elle est d'une valeur très estimable mais souvent sous-estimée.

SURVEILLANCE

Frais professionnels : gare aux pique-assiette

Attention à ne pas les confondre avec les avantages en nature. Les frais professionnels couvrent l'ensemble des frais liés aux besoins du salarié dans le cadre de son activité professionnelle. En vrac, les frais de déplacement, d'hôtellerie, de restauration, etc. Ils ne sont donc pas soumis aux cotisations sociales. Comment sont-ils remboursés ? Soit à leur coût réel. Soit sous le forme d'une indemnité forfaitaire, *via* des primes pour le transport ou hôtellerie/restauration… Mais certains n'hésitent pas à « miser » sur les notes de frais pour arrondir leurs fins de mois. Et rares sont les cadres qui ne sont privés, un jour, d'inviter un ami en faisant passer ce tête à tête amical et gastronomique sur le compte de l'entreprise. Attention cependant, ces frais professionnels sont très surveillés et les pique-assiette vite repérés.

BALANCE
Ne plombez pas votre salaire pour quelques avantages !

On s'enthousiasme parfois un peu vite. Mais il est vrai qu'un « package salarial » bien… « emballé » aiguise les appétits ! Il est fait pour cela. Mais des avantages sociaux ou en nature, ne doit pas faire oublier l'essentiel : votre salaire. C'est lui qui doit, impérativement, rester la clé de voûte de votre rémunération. Il ne faut donc pas le sacrifier pour quelques bonus. Pourquoi ? D'abord parce que vous devez toujours considérer les avantages sociaux accordé à l'aune de votre salaire. Prenons l'exemple du secteur de l'assurance en France, un secteur composé de grosses structures souvent dotées de comités d'entreprise puissants. Or, comme le rappelle Claudine Alezra, consultante spécialiste de la banque et l'assurance chez BPI, *« Dans les années 1960-70, une grande part des recrutements de l'assurance a concerné des profils ayant un niveau de formation initiale modeste, surtout en ce qui concerne les femmes. Pour compenser le bas niveau des salaires, les entreprises ont investi dans les œuvres socio-culturelles »*. En somme, et l'histoire nous le montre, il arrive qu'avantage(s) social(aux), et quelle que soit sa (leur) valeur économique, riment souvent avec bas niveau de salaire. Aussi, soyez vigilant, ne vous sautez pas à pieds joints dans le piège du séduisant package salarial. Faites la part des choses et ne considérez le degré de séduction de ce package qu'après avoir gratté les dorures. Et ce, quel que soit votre statut.

Seconde explication : votre salaire brut (mensuel ou annuel) est votre « véhicule de progression » sur le marché du travail. Les cadres débutants ne doivent pas l'oublier. En somme, si vous démarrez votre carrière avec un brut annuel de 22 K €, ce brut annule constitue une base de progrès, un premier palier. Si vous changez d'entreprise par exemple, vous devez repartir, au minimum, sur cette base qui constitue votre valeur marchande du moment. Vous devez donc veiller à ne pas brader cette valeur marchande pour gagner quelques avantages en nature. Certes, il peut arriver que ces derniers soient très intéressants, voire plus rémunérateurs, comme il est dit dans les pages précédentes. À vous donc de faire la part des choses. Mais ne sacrifiez votre niveau de salaire, notamment en début de carrière. En somme, ne dévalorisez jamais la valeur de votre travail, donc le montant de votre salaire de base.

Enfin, troisième élément, le salaire est soumis à cotisations (voir chapitre 1). Et donc ouvre droit à des prestations : santé, chômage, retraite. De leur côté, certains avantages en nature ne sont pas soumis à cotisations (même si théoriquement ils devraient l'être). Cela peut prêter à sourire notamment pour les jeunes générations de salariés pour qui la retraite n'est qu'un horizon de plus en plus lointain et incertain. Une voiture de fonction, par exemple, est un avantage qu'il faut déclarer aux impôts à sa valeur réelle. Mais il ne génère aucun point retraite ! Ainsi, s'il arrive souvent que, tout bien pesé, un avantage en nature soit immédiatement plus « rentable » qu'une augmentation du salaire de base, il convient cependant de soumettre cette « rentabilité » à l'épreuve du temps. Autrement dit de comparer « avantage » et inconvénients. Parmi ces derniers, le fait, par exemple, de cotiser à l'assurance chômage ou à la retraite sur une base salariale moins importante.

À LIRE

Les primes et les avantages, Isabelle Gallay, éditions Rebondir, 2002
Le conseiller pratique du salarié, Les guides pour tous, Prat éditions, 2002

3 VOUS DITES RÉMUNÉRATION DIFFÉRÉE ?

LES BONS POINTS DE L'ÉPARGNE SALARIALE

Ce n'est pas un élément du salaire mais un « plus » qui s'y ajoute. Un « plus » qui varie en fonction des résultats de votre entreprise. C'est aussi, et bien souvent, une rémunération qui vous est versée... pour plus tard. Nom de code : épargne salariale. Traduisez : rémunération aléatoire et différée. Peu d'entreprises ont intégré cet outil dans leur politique de rémunération. Elles auraient pourtant tout à y gagner. Tout comme le salarié qui en bénéficie. Car, avec le temps, ce « salaire non consommé » – il peut atteindre 10 à 20 % de la rémunération totale – fait des petits. Tout en profitant d'une fiscalité particulièrement clémente.

ÉPARGNE SALARIALE :
QUAND LA BELLE ENDORMIE SE RÉVEILLE

Elle a beau avoir la quarantaine passée, la notion d'épargne salariale reste encore très floue pour un grand nombre de salariés. Ce n'est d'ailleurs pas un hasard si, jusqu'à une période récente, on la surnommait malicieusement « la belle endormie ». « Endormie », parce qu'ils sont nombreux à n'en avoir jamais vu la couleur (nombre d'employeurs ignorent tout d'elle). « Belle », parce que l'épargne salariale peut constituer un véritable tremplin pour compléter la rémunération de chacun. Dans le tiroir épargne salariale, on trouve deux casiers. Le premier se nomme « participation », le second, « intéressement ». Nous avons tous entendu parler de l'un et de l'autre. Mais nous sommes incapables de les définir précisément (le ministère du Travail a ouvert un chantier de simplification de ces deux dispositifs). On est en droit de s'en étonner, quand on apprend que l'intéressement a été introduit en France en...1959. Même si, dans la réalité, il doit son développement à une ordonnance datée de 1986. La participation, elle, a été instaurée comme dispositif obligatoire, en 1967. *« Dans les deux cas, il s'agit ni plus ni moins que de partager le profit de l'entreprise, dans un cadre permis par le législateur,* explique Philippe, chef d'une entreprise de transport dans la région lyonnaise. Dit autrement : « *de percevoir en monnaie trébuchante, une partie des bénéfices.* » Voilà ce que recouvre l'épargne salariale, complétée par un outil, le PEE (Plan épargne entreprise), qui peut recevoir les montants attribués au titre de la participation et de l'intéressement. Les sommes déposées sur un PEE sont alors... épargnées. Nous y sommes : l'épargne salariale est la combinaison de l'épargne et d'une sorte de salaire complémentaire.

En fait, depuis 2001, année des lois Fabius sur l'épargne salariale, celle-ci s'est diversifiée en s'introduisant dans les petites et moyennes entreprises (PME), voire les très petites entreprises (TPE). Les PME et les TPE peuvent désormais se regrouper pour mettre en place un PEI (Plan d'épargne inter-entreprise), ce qui permet de diminuer les coûts de fonctionnement. Ce coup de pouce législatif pourrait bien accélérer l'essor de l'épargne salariale. Pourquoi ? « *Chacun est en train de prendre conscience que, ces prochaines années, l'épargne salariale va jouer un rôle majeur dans le débat sur les rémunérations,* souligne Olivier de Fontenay, responsable du développement chez Novacy, filiale d'épargne salariale de la compagnie d'assurances italienne Generali. *Il est temps d'avoir une nouvelle approche de l'épargne salariale et de son outil de réception idéal, le Plan d'épargne entreprise* (dit PEE). *Concrètement, il faut inclure cet ensemble dans la rémunération globale tout en sachant qu'il s'agit d'un élément aléatoire : l'épargne salariale est une rémunération complémentaire et variable. »* Aujourd'hui, force est de constater que les grands groupes ont pris une, voire plusieurs, longueurs d'avance dans ce domaine. Dans les grandes structures, l'épargne salariale est devenue un outil de rémunération à part entière. À la Société Générale, par exemple, en 2001, chaque employé a touché 3 727 euros au titre de l'épargne salariale (intéressement plus participation). Certains versant la totalité de cette somme sur le PEE. Pour Jean-Philippe, conseiller clientèle au sein d'une agence parisienne, *« cela représente un complément très appréciable, même si je n'en ai pas la disposition immédiate. J'ai tout mis sur mon PEE sur lequel j'effectue, en plus, des versements volontaires. De quoi constituer un bon apport personnel pour l'achat d'une maison, dans cinq ou six ans. »* Citons aussi Carrefour où l'épargne salariale représente environ 10 % du salaire annuel.

Voilà pour le décor. Il faut maintenant décortiquer la mécanique, car dès l'instant où vous avez signé un contrat de travail, vous pouvez être concerné par l'épargne salariale. Et cette dernière peut se présenter sous trois versions différentes : la participation, l'intéressement, l'abondement de l'employeur à un PEE ou PEI voire au PPESV-R en vue de la retraite (reportez-vous à l'encadré pour connaître les caractéristiques précises de chaque élément). Mais, pour commencer, quelles sont les caractéristiques essentielles de l'épargne salariale ? Explication de texte par Michel Thierry, ingénieur en épargne salariale chez Axa. *« L'épargne salariale a un caractère collectif légal. Autrement dit, elle ne peut, en aucun cas, concerner un salarié pris isolément. Ensuite, les négociations sur l'épargne salariale au sein d'une entreprise doivent être indépendantes de celles concernant le salaire. Troisièmement : les montants distribués au titre l'épargne salariale sont exonérés de charges sociales et d'impôt sur le revenu si les sommes restent bloquées au moins cinq ans. Enfin, les mécanismes d'épargne salariale sont cumulables entre eux. Il est ainsi pos-*

sible de recevoir de la participation, de l'intéressement et un abondement de l'employeur sur le PEE. » En s'appuyant sur ce socle, dont on perçoit vite les avantages, notamment fiscaux, les négociations d'entreprise peuvent démarrer. Mais on l'aura compris, l'épargne salariale ne résulte pas d'une démarche individuelle. Elle concerne un collectif. Alléchant, l'outil ne doit cependant pas « bluffer » le salarié. Le principe est que l'épargne salariale ne doit en aucun cas se substituer au salaire. Et ce principe de non-substitution est la contrepartie de son caractère aléatoire : *« Il s'agit d'un complément. La nuance peut paraître subtile mais la loi, elle, est claire : l'épargne salariale s'ajoute au salaire. C'est écrit noir sur blanc »,* explique Jacques Delmas, responsable des ressources humaines dans le groupe informatique Sysinfo. Et cela qu'il s'agisse de participation, d'intéressement ou d'abondement du plan d'épargne.

Pourquoi insister sur ce principe de non substitution ? Prenons l'exemple de l'intéressement : *« On devrait donc observer, dans les entreprises qui pratiquent l'intéressement, une rémunération totale plus élevée mais pas de différence significative de la rémunération de base avec celles qui ne la pratiquent pas...* note une étude du ministère du Travail réalisée en 1998. *En fait, avec le temps, une certaine substitution semble s'effectuer. »* Vous avez compris et l'Insee avait attiré l'attention sur le risque, lors d'une étude très élaborée et publiée, elle aussi, en 1998 : la présence d'une prime d'intéressement a tendance à modérer les augmentations salariales. Une situation également dénoncée par les syndicats et qui concernerait davantage les entreprises de moins de 200 salariés.

Mais la loi vous protège : elle interdit tout accord d'intéressement qui serait signé moins d'un an après la suppression d'un élément de rémunération. Et l'URSSAF (Union pour le recouvrement des cotisations de sécurité sociale et d'allocations familiales) veille au grain, l'épargne salariale constituant, pour elle, un manque à gagner important du fait de l'exonération de charges qu'elle procure. Favorables au développement de l'épargne salariale, les syndicats se montrent cependant très vigilants. Christian, délégué syndical dans un grand cabinet de conseil, précise que *« l'épargne d'entreprise ne sera équitable que si l'on tient compte des capacités d'épargne limitées des bas salaires et, qu'en tout état de cause, ces dispositifs doivent impérativement rester déconnectés de l'évolution salariale »*. Car, comme le rappelle Manuèle Pennera, associé au cabinet de conseil Karente, spécialiste de l'épargne retraite en entreprise *« un salaire est contractuel. Les compléments de rémunération comme l'épargne salariale sont, eux, plus fragiles. L'intéressement, par exemple, crée un système de rémunération avec des garde-fous et motivant quand l'accord est bien ficelé »*.

LE PEE, UN AMI QUI VOUS VEUT DU BIEN

Sur le papier, l'épargne salariale cumule les avantages, pour l'employeur comme pour le salarié. Sur le terrain, il en va autrement : tout d'abord, en 2000 et selon le Ministère du Travail, 5,6 millions de salariés seulement (soit 37,6 % du total des salariés) reçoivent une prime de participation ou d'intéressement. Cet outil de rémunération différée est donc loin de faire le plein : au total, 7,6 milliards d'euros sont distribués par les entreprises avec un montant moyen de 1 362 euros par salarié bénéficiaire. Des moyennes qui cachent, bien sûr, de fortes disparités. Côté participation, à peine 3 % des entreprises ont signé un accord (année 2000). Ce qui touche 40 % des salariés. Bien sûr, mais faut-il le préciser : s'il n'y a pas bénéfice, la participation disparaît. Il est intéressant de noter que plus l'entreprise est petite, plus le montant de la participation distribuée est élevé. Inversement, la moitié des petites entreprises disposant d'un accord n'ont pu attribuer une prime. On retrouve là la dualité des PME, plus à mêmes de réaliser du bénéfice et le redistribuer quand le secteur est porteur, mais très touchées dans le cas contraire. En 2000 toujours, la prime de participation moyenne par salarié s'élève à 976 euros. Mais, explique un fonctionnaire du ministère : *« l'écart est très marqué entre les différents secteurs d'activité : de 148 euros dans la production de combustibles et de carburants à 2 967 euros dans les activités récréatives, culturelles et sportives »*.

Côté intéressement, seules 4,5 % des entreprises ont, à cette même époque, signé un accord et 28 % des salariés, au total, sont concernés. *« Là encore, il existe de grandes disparités par secteur d'activité,* ajoute ce même fonctionnaire. *De l'énergie, où plus de 90 % des salariés bénéficient d'un accord ou de l'indus-*

trie automobile (78 %), jusqu'au secteur des services personnels et domestiques, composé essentiellement de petites et moyennes entreprises où moins de 2 % des personnels bénéficient d'un intéressement. » En 2000, la prime d'intéressement moyenne se monte à 990 euros.

Comment les salariés utilisent-ils ces bonus ? Les deux tiers choisissent encore de le percevoir directement. La somme est donc soumise à l'impôt sur le revenu. Le dernier tiers préfère investir dans son PEE et bénéficie ainsi d'une non-imposition sur le revenu. Hélas, à peine plus du quart des salariés bénéficie aujourd'hui d'un PEE. Qui plus est, cette proportion varie selon la taille de l'entreprise, les plus privilégiés étant les salariés des grandes structures. L'Insee estime que 4 % des entreprises de moins de 50 salariés disposent d'un PEE, contre 62 % pour les entreprises de 500 salariés et plus. Un fossé que les lois Fabius devraient peu à peu combler. Si vous êtes en passe d'intégrer une nouvelle entreprise, informez-vous. En matière de rémunération et autres avantages, les petits plus font souvent les grands écarts. Côté employeurs, on semble pourtant décidé à user (abuser ?) de l'épargne salariale. Selon le baromètre 2002 de l'épargne salariale réalisé par le cabinet Hewitt (avec les Banques Populaires et JP Morgan), 87 % d'entre eux disent la mettre en œuvre pour « développer une politique de rémunération globale ». *« Dans le contexte actuel de réduction des coûts, cet outil est une composante particulièrement pertinente de la politique de rémunération globale,* explique-t-on chez Hewitt. *Il permet d'accroître les avantages accordés aux salariés tout en optimisant le traitement fiscal et social. ».*

Les salariés non avertis que nous sommes, peuvent légitimement se poser la question : pourquoi diable imaginer d'autres formes de rémunération plutôt que d'augmenter, tout simplement, notre salaire ? Premier élément de réponse : intéressement et participation constituent un fort vecteur de motivation, voire de fidélisation. Vous êtes en effet directement concerné par la croissance de votre entreprise puisque les montants perçus au titre de l'intéressement et de la participation, dépendent en partie de la – bonne – santé de l'entreprise : mieux cette dernière se porte, meilleurs seront ces bonus. Mais ils n'ont plus lieu d'être dès lors que l'entreprise ne dégage plus de bénéfices. Rassurez-vous, vous n'aurez pas, dans ce cas, à éponger les déficits... Dans un système comme dans l'autre, l'employeur trouve lui aussi son compte : il bénéficie de ristournes sur les charges et, en cas de retournement de conjoncture, ne se voit plus contraint de verser cette épargne qui n'est pas, contrairement à la masse salariale, du fixe. Enfin, sachez que l'épargne salariale est un outil de rémunération plus... rentable, car moins imposée. Selon l'observatoire Novacy 2002 sur l'épargne salariale, 33 % des salariés préfèrent désormais être augmentés sous forme de complément de rémunération défiscalisée plutôt que sous forme de salaire. Un tiers des salariés, c'est beaucoup et c'est peu à la fois : l'épargne salariale est encore loin de concerner l'ensemble des actifs.

L'épargne salariale apparaît donc comme un système de rémunération complémentaire attractif. Pourtant, les salariés sont loin de l'avoir assimilé. Toujours selon l'observatoire Novacy sur l'épargne salariale, seuls 12 % des salariés l'incluraient dans leur rémunération au moment où ils en ont font le décompte. Plus grave, seul un salarié sur trois connaît les avantages fiscaux de l'épargne salariale. Enfin, moins de 20 % des salariés effectuent des versements volontaires sur leur PEE. Preuve, s'il en faut, que beaucoup connaissent mal l'outil. *« Il est temps que chacun s'approprie l'épargne salariale »*, répète à l'envi Olivier de Fontenay de Novacy.

Pour vaincre cette ignorance et/ou ces réticences, il suffit de « parler euros ». Exemple : bonne nouvelle, votre employeur souhaite vous verser une prime exceptionnelle de 1 500 euros. Mais avant de passer à la caisse, vous faites vos comptes : de ces 1 500 euros, vous allez devoir déduire environ 20 % de charges sociales salariales, auxquelles viennent s'ajouter 8 % de prélèvements sociaux (sur 95 % de la prime). Déductions faites, votre bonus n'est plus que de 1 086 euros. Si, au lieu de vous verser un prime exceptionnelle, l'employeur abonde votre PEE de 1 500 euros (encore faut-il que votre entreprise en ait un), vous évitez les charges sociales salariales et ne déduisez plus que les 8 % de prélèvements sociaux (inévitables). Le montant net investi est de 1 386 euros (en contrepartie de cette exonération de charges, cet argent reste bloqué cinq ans). Le calcul ne s'arrête pas là : en effet, cet abondement ne supportera pas l'impôt sur le revenu – contrairement à la prime exceptionnelle qui va, elle, augmenter votre revenu imposable, donc le montant de vos impôts. Vous comprenez donc tout l'intérêt fiscal de l'épargne salariale (nous y reviendrons au chapitre 7 sur l'estimation d'une augmentation). Enfin, une fois « placée » sur votre PEE, votre épargne va foisonner et, au moment de la récupérer, vous disposerez peut-être d'une somme relativement conséquente. Une somme constituée, pour partie, d'une rémunération différée, les petits ruisseaux faisant les grandes rivières. « *L'épargne salariale, quand elle est incluse dans une enveloppe fiscale du type PEE, devient un placement financier à l'instar des PEA (Plan d'épargne en actions) ou des contrats d'assurance vie modernes*, complète Pierre Manton, conseiller en gestion de patrimoine à Nantes. *À vous de doser les risques financiers que vous souhaitez prendre, donc de panacher votre épargne entre produits à risques (actions) et produits plus sécurisés (obligations).* »

Mais, et l'on touche peut-être les limites de l'épargne salariale en tant qu'outil de rémunération, ne vous attendez pas à faire fortune. L'épargne salariale n'est qu'un complément possible, parmi d'autres, de vos revenus. Et il est utile de connaître quelques unes de ses limites... que les promoteurs, banquiers ou assureurs oublient souvent de souligner. L'épargne salariale n'octroie pas de points retraite ni de droits à l'assurance chômage. Logique, puisqu'il ne s'agit pas de salaire au sens légal du terme et que les sommes distribuées sont exonérées de charges salariales. Ne vous méprenez donc pas sur le montant de revenu pour lequel vous cotisez. Seconde limite, le montant annuel de l'épargne salariale est limité par la loi. En 2003, compte tenu des plafonds de la Sécurité sociale, une entreprise pouvait au maximum verser à un salarié 43 380 euros au titre de l'épargne salariale. Un beau pactole tout de même ! Mais dans la réalité, nous en sommes très loin : 1 360 euros de moyenne pour rappel. Enfin, quand on ne paie pas l'impôt sur le revenu (c'est le cas d'un ménage sur deux en France), l'intérêt du PEE s'en trouve limité. Quel intérêt y a-t-il alors, à y verser une prime d'intéressement ? Cette question vaut à l'épargne salariale ses critiques les plus répandues. En effet, cette dernière serait éloignée de la préoccupation majeure des salariés concernant la rémunération : le salaire de base. Si Nathalie, employée chez Carrefour, apprécie ces « bonus » qu'elle a touchés *via* la participation, elle reste très circonspecte quant à leur impact réel quand elle compte ce qu'elle gagne : « *Ce n'est palpable, c'est indisponible, alors on oublie....* ». Rémunération différée...

À SAVOIR

L'épargne salariale à la lettre

Voilà tout ce qu'il faut savoir à propos des outils de l'épargne salariale, chiffres et conditions à l'appui. Indispensable pour en mesurer les atouts et les limites.

- **Participation** : il s'agit de distribuer aux salariés une partie des bénéfices. Obligatoire dans les entreprises de plus de 50 salariés, facultative sinon (1,5 % des sociétés de moins de 50 salariés l'ont mise en place). Formule de calcul fixée par la loi en fonction du bénéfice réalisé et répartie entre les salariés proportionnellement à leur salaire. Les entreprises publiques ne sont pas concernées, sauf cas prévu par décret. Les sommes sont placées soit dans un PEE (Plan d'épargne Entreprise), soit sur un CCB (Compte courant bloqué) pendant cinq ans minimum et ne sont pas soumises à l'impôt sur le revenu pour le salarié. Les intérêts générés par l'épargne placée ne sont pas soumis à l'impôt (hors prélèvements sociaux) s'ils sont bloqués cinq ans. Il existe plusieurs situations de déblocage anticipé (voir le tableau dans Hors-Texte). Le montant distribué ne peut dépasser 75 % du plafond annuel de la Sécurité sociale (21 888 euros en 2003).
- **Intéressement** : il s'agit d'associer les salariés aux résultats ou performances de l'entreprise. Mise en place facultative, quelle que soit la taille de l'entreprise, pour une durée de trois ans (principale cause de non-renouvellement d'un accord : la mauvaise conjoncture économique). La formule de calcul de l'intéressement est libre, selon des indicateurs propres à chaque entreprise (profit, production, qualité...), mais doit impérativement conserver un caractère aléatoire. L'assiette sur laquelle repose l'intéressement peut être, par exemple, 15 % du bénéfice net avant impôt. Une condition d'ancienneté de 3 mois pour le salarié peut être fixée. Au choix du salarié, la prime d'intéressement est disponible immédiatement et dans ce cas, exonérée de charges sociales mais soumise à l'impôt sur le revenu, ou peut être investie dans le PEE et dans ce cas échapper à l'impôt. Le montant distribué au titre de l'intéressement ne peut dépasser 20 % de la masse salariale de l'entreprise ou pour un salarié donné 50 % du plafond de la Sécurité sociale (14 592 euros en 2003).
- **PEE (Plan d'épargne entreprise)** : système d'épargne collectif qui permet aux salariés de se constituer une épargne avec l'aide financière de leur entreprise. Y sont versés le montant de la participation, de l'intéressement si le salarié le désire, de l'abondement de l'employeur. Le salarié peut aussi y effectuer des versements volontaires jusqu'à 25 % de son salaire brut. Les sommes sont bloquées cinq ans et investies en valeurs mobilières (obligations, actions...). Sa mise en place est facultative. Existe aussi le PPESV-R (Plan d'épargne salariale volontaire-retraite), où les sommes investies sont bloquées jusqu'à la retraite. Définies par la réforme 2003 sur les retraites, les modalités de versement sont identiques à celles du PEE.
- **Abondement** : somme d'argent versée obligatoirement par l'entreprise sur le PEE, à l'ensemble du personnel. Il paie au minimum les frais de tenue de compte du plan. Sinon, son abondement est plafonné à 300 % des versements du salarié, ne pouvant excéder 2 300 euros par an et par salarié s'il est versé dans un PEE (le plafond d'abondement est de 3 450 euros lorsqu'il s'agit d'investissement en titres de l'entreprise). L'abondement n'est versé qu'à condition que le bénéficiaire effectue des versements volontaires ou place une partie de l'intéressement. Les sommes sont bloquées cinq ans, mais peuvent y rester autant d'années que vous le souhaitez par la suite. Pour le salarié, l'abondement est exonéré de charges sociales salariales et n'est pas soumis à l'impôt sur le revenu. Soumis en revanche à hauteur pour 95 % de son montant à 8 % de prélèvements sociaux.

QUITTE OU DOUBLE

Je quitte mon entreprise, que devient mon épargne salariale ?

Vous changez d'entreprise ? Pas de panique, votre épargne salariale déposée au sein d'un PEE n'est pas perdue. En premier lieu, vous devez obligatoirement recevoir un état récapitulatif de vos avoirs. Trois solutions vous sont alors offertes. Soit vous décidez de récupérer votre argent en fermant le plan (demandez un remboursement anticipé), c'est possible sans pénalités fiscales même si votre argent est bloqué depuis moins de cinq ans. Soit vous optez pour un transfert de votre plan vers celui de la nouvelle entreprise qui vous accueille. Attention, en cas de transfert, les valeurs mobilières que vous détenez seront d'abord vendues à leur cours du moment. Si vous êtes investis sur des titres actions, renseignez-vous bien sur leur valeur en euros avant de vendre. Prenez garde aussi aux frais de transfert de l'argent d'une entreprise à l'autre, les banques ou compagnies d'assurance sont parfois gourmandes. Troisième solution, vous pouvez tout à fait conserver votre ancien plan, notamment pour atteindre le cap des cinq ans de blocage. Enfin, sachez-le, si vous étiez licencié, quelle qu'en soit la raison, vous ne devez pas être privés de vos droits à la participation ou à l'intéressement. Idem en cas de départ à la retraite.

DÉROGATION

Votre épargne salariale bloquée cinq ans sauf...

Des sommes bloquées pendant cinq ans dans le cadre du PEE et du PEI...C'est le prix à payer pour bénéficier des avantages sociaux et fiscaux de l'épargne salariale. Toutefois, il vous est légalement possible en fonction d'évènements importants, de débloquer avant l'heure votre épargne, sans remise en cause des avantages.

Pour le PEE, ces dérogations concernent

- Le mariage ou le Pacs, la naissance ou l'adoption d'un troisième enfant, le divorce ou la dissolution d'un Pacs avec la garde d'au moins un enfant ;
- La création ou la reprise d'une entreprise par le bénéficiaire, ses enfants, son conjoints (ou pacsé) ;
- L'acquisition ou l'agrandissement de la résidence principale ou une catastrophe naturelle non prise en charge par les assurances ;
- L'invadilité du bénéficiaire, de son conjoint (ou pacsé) ou d'un enfant ;
- Le décès du bénéficiaire ou de son conjoint (ou pacsé) ;
- La cessation de travail ;
- Le surendettement du salarié ;
  Sauf dans les quatre derniers cas, le salarié ou ses ayants droit disposent de six mois pour faire leur demande de déblocage anticipé.

Dans le cas du PPESV-R créé par la réforme des retraites du gouvernement Raffarin, les possibilités de débloquer votre épargne avant l'heure sans perdre les avantages fiscaux devraient être plus limitées...

Les bons points de l'épargne salariale

CONGÉ

De l'épargne salariale sur un compte épargne temps...

C'est possible. Le compte épargne-temps (CET), institué par accord collectif, permet de stocker des droits à congés. Objectif : vous permettre d'être rémunéré le jour où vous déciderez de prendre un congé sabbatique, parental... congés qui ne sont pas habituellement rémunérés. Outre la possibilité d'alimenter un compte épargne temps par le report de congés payés, d'heures supplémentaires ou de jours liés à la réduction du temps de travail, vous pouvez aussi y déposer les montants touchés pour la participation et l'intéressement. Nouveauté, la loi relative aux salaires adoptée par le Parlement le 19 décembre 2002 permet désormais aux salariés disposant d'un CET de récupérer à terme ce temps en argent et pas forcément en congés payés.

À SUIVRE

Le coin du spécialiste

L'épargne salariale est bien sûr régie par des articles du Code du travail. Utile pour les curieux qui veulent connaître toutes ses modalités de mise en place et... l'esprit de la loi. Pour la participation, ils se reporteront aux articles L. 442-1 à L. 442-17. Ils y apprendront ainsi que la mise en place d'un accord de participation peut être le fruit d'un accord collectif, d'une initiative de la direction approuvée par les deux tiers des salariés, ou encore d'une négociation avec le comité d'entreprise ou les délégués syndicaux. Pour l'intéressement, ce sont les articles L. 441-1 à L. 441-7 du Code du travail qui font foi. Enfin, pour le PEE, il faut se reporter aux articles L.443-1 à L.443-9. Pour une lecture complète des textes de lois, connectez-vous sur le site **www.legifrance.gouv.fr**. Tout y est.

Le PEE, cet outil formidable !

C'est le réceptacle idéal de votre épargne salariale. Rien de plus simple aujourd'hui pour un employeur que de mettre en place un plan d'épargne entreprise (PEE). Dites le lui ! Et si vous ne faites pas encore partie du quart d'entreprises qui en bénéficient, profitez de la négociation annuelle sur les salaires pour promouvoir l'idée. D'autant que depuis les lois Fabius votées en 2001, les banques et compagnies d'assurance qui se sont ruées sur ce marché, proposent des produits « clé en main ». Il existe également le PEI (Plan d'épargne inter-entreprises), forme variée du PEE qui permet aux très petites entreprises de regrouper l'épargne des salariés au sein d'un même plan. Si la période de blocage de l'argent vous fait peur, sachez qu'il existe beaucoup de situations qui permettent un retrait anticipé des fonds sans qu'ils perdent leur exonération fiscale. La plupart des situations de grande urgence sont couvertes (voir encadré). Ce produit est donc très « liquide ».

Mais le PEE est aussi un outil d'épargne personnel très avantageux sur le marché. *« Aujourd'hui, les gens ne voient l'intérêt du PEE qu'à travers l'abondement versé par l'employeur*, constate Olivier de Fontenay. *Or, ils oublient que c'est une enveloppe fiscale exceptionnelle, sans impôts hormis les prélèvements sociaux sur les plus-values réalisées au bout de cinq ans. Et où l'on peut verser jusqu'à 25 % de sa rémunération annuelle brute ! »* Ainsi, un jeune cadre qui gagne 40.000 euros par an peut ainsi y verser jusqu'à 10.000 euros. En renouvelant l'opération, et compte tenu des éventuels abondements de son employeur, il trouve là un outil d'épargne sans concurrent sur le marché. Même son de cloche à la direction épargne entreprise de BNP Paribas : *« Tout versement volontaire dans un dispositif d'épargne entreprise est plus avantageux que de souscrire à des produits d'épargne destinés aux particuliers. En effet, l'entreprise prend en charge une partie des frais de fonctionnement. Et surtout, elle participe, en général, directement à la constitution de votre épargne à travers l'abondement. »* Un abondement qui peut être regardé, non pas comme un complément de rémunération, mais plutôt comme un booster du rendement de vos versements volontaires. Le tout est alors de bien gérer son PEE, comme on gérerait tout autre outil de placement.

Trois conseils simples permettent de bien démarrer dans cette gestion. Un, placez votre argent sur des titres qui correspondent à vos objectifs. Exemple, si vous visez le long terme (au moins 8 ans), vous pouvez envisager de mettre une partie de vos billes sur des fonds à dominante actions. Ils sont plus rémunérateurs sur la durée. Si en revanche, vous savez que dans cinq ans, voire moins, vous allez retirer votre argent, optez pour des titres sécuritaires, c'est-à-dire composés d'obligations ou de valeurs dites monétaires. Second conseil, valable notamment si vous placez de l'argent sur des titres risqués (actions), préférez une épargne versée chaque mois de l'année (par exemple par prélèvement) au « tout d'un coup ». *« Vous lissez ainsi le prix d'achat des actions dans le temps et évitez d'investir votre argent à un moment inopportun »*, ajoute le conseiller financier Pierre Manton. Il n'y a pas pire erreur avec les fonds actions que d'investir dans un mauvais tempo. Enfin, dernier conseil, profitez des possibilités de mouvement de votre épargne au sein du PEE. Vous pouvez par exemple basculer votre épargne d'un fonds actions vers un fonds obligataire. En somme, adapter l'allocation de votre épargne à l'évolution de votre vie. On appelle cela faire un arbitrage.

PRATIQUE

Pour vous informer sur l'épargne salariale :
- Contactez votre responsable RH ou les représentants du personnel.
- Contactez le Fondact, association de promotion de l'épargne salariale (**www.fondact.org**) ou les associations de salariés actionnaires regroupées au sein de la FAS (**www.fas.asso.fr**).
- Tous les six mois, l'AFG-ASFFI, l'Association des sociétés de gestion de l'épargne publie des indicateurs de performances de FCPE. Avec une

réserve : elle ne peut s'exprimer que sur les fonds rendus publics par les sociétés de gestion. Lesquelles peuvent être tentées de ne fournir que des indications sur leurs produits les plus performants.
www.afg-asffi.com

LES SITES À VISITER

www.epargnesalariale.minefi.gouv.fr
www.epargne-salariale.fr

À LIRE

Un Placement Formidable, profitez du plan d'épargne entreprise, Jacques Turbot, Dunod, 1993

L'épargne salariale au cœur du contrat social, J.-P. Balligand, J.-B. De Foucauld, La Documentation Française, 2000

Épargne salariale : guides et repères pour la négociation, Editions Liaisons, 2002

Guide de l'actionnaire salarié et de l'épargne salariale, édité par la FAS

Dixeco de l'épargne, éd. Eska

Dictionnaire de l'épargne salariale, Paul Maillard, éd. Delmas

Le palmarès trimestriel des fonds multi-entreprises publié par le magazine *Épargne salariale, actionnaire salarié*

4 CHOUETTE, UNE PRIME !

LES BOOSTERS DE VOTRE RÉMUNÉRATION

« Signing bonus », primes de contrainte, de rideaux, de vacances… actionnariat salarié, stock-options, retraite sur-complémentaire, etc. autant d'éléments qui peuvent venir s'ajouter à votre salaire de base. Peut-être en bénéficiez-vous déjà en partie. Mais tout porte à croire que, demain, chacun sera concerné. Que recouvrent au juste ces appellations ? Il importe de le savoir car, bien compris et bien négociés, ces divers éléments peuvent accroître significativement votre rémunération totale. Dans le cas contraire, certains peuvent s'avérer très risqués. Suivez le guide.

LES PRIMES TOUTES CATÉGORIES

C'était en 2001. Jean-Philippe intégrait alors une société de logiciels informatiques. Il se souvient aujourd'hui qu'au moment de parler rémunération, son interlocuteur avait cité plusieurs types de primes. « *Il avait notamment évoqué la prime de vacances, la prime de fidélité et la prime de... rideaux, sans plus de détails. J'avais une vague idée de ce qui se cachait derrière les deux premières. En revanche, j'ignorais complètement ce qu'était une prime de rideaux. Mais tout cela paraissait alléchant puisque, dans les trois cas, il était question de gagner plus.* » Dommage que Jean-Philippe ne se soit pas montré un peu plus curieux. Il aurait appris, par exemple, que la prime de fidélité n'était octroyée, dans son cas, qu'après cinq années de présence dans l'entreprise. Il aurait également découvert que la prime dite de rideaux, concerne théoriquement une compensation en cas de déménagement du salarié pour les besoins de l'entreprise. Pas de quoi grimper... aux rideaux ! Air Liquide offre ainsi une prime de rideaux à ses cadres lorsqu'ils déménagent : environ 1 500 euros par adulte, auxquels s'ajoutent environ 80 euros par enfant.

Des primes, il en existe de toutes sortes et, en la matière, aucune généralisation n'est autorisée. D'une part, cet élément de rémunération peut revêtir des habits bien différents selon sa nature et, d'autre part, il n'est absolument pas automatique. Non définie sur un plan légal, une prime n'est, ni plus ni moins, qu'une somme d'argent versée par l'employeur au salarié en plus de son salaire mensuel brut. Elle doit donc être impérativement inscrite sur le bulletin de salaire. On ne confondra pas la prime avec la commission qui concerne certaines professions, notamment les VRP et certains commerciaux. La commission, qui est un pourcentage du chiffre d'affaires, s'ajoute en général à un « fixe » mensuel. On ne confondra pas non plus la prime avec des remboursements de frais qui n'ont pas le caractère de salaire. Cette définition standard recouvre, en fait, deux catégories de primes. La première concerne les primes que vous êtes quasiment certain de recevoir, parce qu'elles sont soit inscrites dans votre contrat de travail, soit prévues par la convention collective de votre secteur d'activité ou par une circulaire patronale. On les appelle

« primes contractuelles ». *« C'est encore mieux, bien sûr, si la prime est inscrite dans votre contrat de travail, car vous la verrouillez...* précise Michel Herriot, fin connaisseur du sujet pour avoir dirigé plusieurs services de ressources humaines au cours de sa carrière. *Elle pourra très difficilement être remise en cause et, en aucun cas, sans votre accord ».* On considère aussi que les primes issues d'un « usage » deviennent contractuelles. La Cour de Cassation (juridiction suprême qui vérifie que les décisions prises par les tribunaux sont conformes à la loi) a fixé les définitions de l'usage : primes accordées trois fois consécutivement avec les mêmes modalités de calcul et versées à tout le personnel ou à une catégorie de personnel. Bien souvent, un accord tacite mais non formel sur une prime la rend usuelle. Attention toutefois, une ancienneté dans l'entreprise est souvent requise (six mois en général) pour bénéficier des différentes primes.

Seconde catégorie de prime, la prime dite « bénévole ». Il appartient à l'employeur de l'attribuer ou non et d'en fixer le montant en toute liberté. C'est pourquoi les spécialistes de la rémunération s'accordent à dire que *« la prime, c'est une imagination sans limites »* (reportez-vous à la liste ci-après pour vous en convaincre). Votre employeur peut, par exemple, vous octroyer une prime (certains disent une « gratification ») en récompense de bons résultats. Votre salaire fait un petit bond, juste le mois du paiement de la prime, puis revient à son niveau initial le mois suivant. Vu sous cet angle, la prime est un bonus. *« Une prime fait toujours plaisir au salarié. Surtout quand elle vient récompenser un travail,* explique Philippe Delsol, responsable du personnel chez Astor, société de services. *Pourtant, elle est loin d'être la forme de rémunération la plus efficace pour le salarié. En effet, quasiment toutes les primes sont soumises aux cotisations sociales et viennent gonfler le revenu imposable en fin d'année. Il faut absolument prendre en compte ces éléments. »* Eh oui, et on a tendance à l'oublier, les primes sont soumises à cotisations sociales ! Dernier avatar : le « signing bonus » ou « prime à la signature » : certains employeurs vous offrent un voire deux ans de salaire contre un engagement de fidélité d'un minimum d'années. Une technique réservée pour les postes clés dans les grandes entreprises.

Ce large éventail des primes ne va pas sans poser problèmes quand l'employeur, ou parfois les salariés, en troublent l'usage.

Prenons l'exemple de la prime de vacances : « *Elle est souvent versée en juin, avant les congés d'été,* explique un DRH confronté à ce type de problème. *Dans certaines entreprises qui bénéficient du 13ᵉ mois, le* « mariage » *prime de vacances/13ᵉ mois peut être source de conflits. En effet, le 13ᵉ mois est parfois payé en deux temps : une première moitié en juin, une seconde en décembre. Aussi la question fut-elle posée : la moitié du 13ᵉ mois payée en juin va-t-elle annuler la prime de vacances ? Et certains salariés de s'entendre répondre par l'employeur qu'en fait, la prime de 13ᵉ mois intégrait la prime de vacances... En matière de prime, on vous le dit, tout est possible...* » Et l'inspection du travail, quand elle est saisie, a bien du mal à trancher ! Alors bien sûr, la question vient immédiatement à l'esprit : un employeur peut-il modifier les conditions d'octroi de primes ? Réponse de Jacqueline Chanteloup, qui a géré les ressources humaines du groupe d'aviation UTA, racheté par Air France : « *Les primes obligatoires, celles prévues par un accord de branche ou par la convention collective, ne peuvent être remises en cause sans avoir, auparavant, respecté tout un lot de formalités très précises. L'employeur doit notamment obtenir l'accord des salariés. En revanche, les primes dites d'usage peuvent être remises en question à condition d'avertir les salariés concernés suffisamment longtemps à l'avance.* » En résumé, les conditions de suppression ou de modification d'une prime dépendent du support juridique qui la justifie.

Les primes constituent aujourd'hui, et de loin, l'élément le plus utilisé par les employeurs pour récompenser un salarié et lui apporter un complément de rémunération ponctuel. Elles ne sont plus l'apanage des commerciaux. De plus en plus de salariés, notamment dans le tertiaire, en reçoivent. On estime qu'environ un tiers des primes est lié au salaire de base, un cinquième à la performance (individuelle ou collective), deux autres cinquièmes aux conditions de poste ou à la situation familiale et à l'ancienneté. Le reste se répartit en une multitude de primes diverses.

ACTIONNARIAT SALARIÉ, STOCK-OPTIONS SUIVEZ LES COURS !

S'il y est souvent fait référence, sait-on bien ce que recouvre la notion d'« actionnariat salarié » ? Dans le principe, il s'agit d'associer le personnel aux résultats de l'entreprise. Côté salarié, de réaliser un acte d'investissement et de confiance dans son entreprise en achetant des actions. Depuis quatre à cinq ans, l'actionnariat salarié gagne de plus en plus d'entreprises. Octroi d'actions à « prix canon », et hop... le plan est lancé. Chez Oracle, le géant des bases de données informatiques, chacun peut ainsi investir une partie de son salaire en actions de l'entreprise. Devenir actionnaire, ça fait rêver... Oui, mais nous avons tous en mémoire le cas du groupe Vivendi qui a encouragé ses salariés à souscrire des actions. On connaît aussi le résultat : près de 170 000 salariés actionnaires ont vu le titre dévisser et leurs économies se réduire comme peau de chagrin. *« J'ai agi en confiance avec ma direction sans vraiment m'interroger,* explique Thierry, qui fut commercial publicitaire dans l'une des entreprises de presse alors filiales du groupe. *Puis, jour après jour, j'ai vu mon portefeuille fondre malgré l'abondement de l'employeur et l'achat d'actions à un prix décoté par rapport à celui du marché. Mais le titre a tellement dégringolé... J'ai perdu beaucoup d'argent. Aujourd'hui, je suis imperméable à toute nouvelle proposition d'actionnariat salarié. »* Il faut dire que le cours de l'action Vivendi ne cotait que de 10 à 20 euros début 2003, après avoir frôlé les... 150 euros en 2000. Indéniablement, ce type de risque existe. Il fait même partie du jeu. Mais pour quelques cas extrêmes, bon nombre d'entreprises ont permis à leurs salariés de s'enrichir en achetant leurs titres. C'est le cas, entre autres, de la société de services en assurances lyonnaise April Assurances, qui a introduit un plan d'actionnariat salarié en 1997. Depuis, le cours du titre se cale sur la croissance de l'entreprise. Et les salariés en récoltent les fruits.

Quand une entreprise émet des actions à destination de ses salariés, elle met en place « l'actionnariat salarié ». Tous les salariés sont alors concernés. Un principe d'égalité que l'on retrouve dans les lois sur l'épargne salariale (voir chapitre précédent). Concrètement, et c'est souvent le cas, l'entreprise, pratique une décote sur le prix de l'action, afin d'attirer son personnel. Quand les Autoroutes du Sud de la France (ASF) ont procédé à une augmentation du capital aux salariés en 2002, elles ont proposé une baisse du prix d'achat de l'action de 30 %. Résultat, neuf salariés sur dix ont répondu par l'affirmative. Les titres achetés sont ensuite intégrés au sein d'un plan d'épargne entreprise (PEE ou PPESV). En somme, voilà de l'épargne salariale en titres maison. Les salariés semblent accueillir très favorablement l'actionnariat salarié. Selon l'observatoire Novacy 2002 sur l'épargne des salariés, 29 % de ceux-ci disposent déjà d'actions de leur entreprise dans leur PEE et, surtout, 92 % pensent que c'est une bonne chose. Une nouvelle forme de rémunération est donc en train de se développer : près de 2 millions de salariés, majoritairement de grandes groupes, seraient aujourd'hui actionnaires de leur entreprise. Il semble, en revanche, que l'actionnariat ne fasse pas l'unanimité chez les dirigeants d'entreprise familiales : selon une étude du cabinet Hewitt, près de la moitié d'entre se déclarent réticents à introduire ce nouveau mode de rémunération. Il n'empêche : *« Les plans d'actionnariat salarié font progressivement partie du paysage de la rémunération totale au même titre que les avantages sociaux et en nature, le temps de travail ou le salaire »,* note Didier Burgaud, dans un livre au titre précurseur *Le salaire ne fait plus tout.*

Comment l'actionnariat salarié booste-t-il votre rémunération ? C'est tout simple : en appliquant une décote sur le prix d'acquisition de l'action ou en vous en attribuant même un lot gratuitement, votre employeur vous donne la possibilité d'épargner à bon compte, dans un cadre que vous ne pourrez jamais trouver en tant qu'épargnant isolé. Ces titres sont ensuite versés dans un PEE, dont la fiscalité est particulièrement clémente après cinq années. Un PEE que votre employeur peut abonder et sur lequel vous pouvez verser votre participation ou intéressement... Seule contrainte, vous le savez maintenant, vous ne devez pas toucher à ce « bas de laine » pendant cinq ans. Encore que les possibilités de déblocage anticipé soient nombreuses (voir chapitre précédent). Si la valeur de l'action de votre entreprise grimpe, vous êtes gagnant. Et votre matelas financier s'étoffe dans un environnement fiscal favorisé. Nous sommes donc bien dans le cadre d'une rémunération différée, car acquise *via* votre employeur. Quant à l'effet de levier, il peut être important quand on connaît la croissance des marchés actions sur le long terme (environ + 7 % par an).

Seulement, cette rémunération différée est... aléatoire. Thierry Florin, conseiller en gestion de patrimoine dans le Nord, rappelle : *« L'actionnariat salarié n'est pas exempt de risque. Si cette forme de rémunération peut considérablement « booster » votre salaire sur la distance, l'inverse est tout aussi plausible. L'effet booster a même, depuis trois ans, du plomb dans l'aile compte tenu de la crise des marchés financiers. »* Il n'est pas inutile de rappeler, par exemple, que l'indice boursier français, le CAC 40, a perdu 50 % de janvier 2000 à janvier 2003 ! Certaines grandes entreprises, à l'instar de Vivendi, ont vu le cours de leur titre dégringoler. D'autres, en revanche, passent la crise. Quelles leçons tirer ? Dans « actionnariat salarié », il y a le mot « action ». Et qui dit action dit risque. À vous de vous montrer vigilant et de suivre la cote... de votre entreprise !

Les stock-options sont aussi une forme d'actionnariat salarié, mais réservé cette fois à une minorité. Hier adulées, elles sont aujourd'hui très controversées après la crise boursière. *« Il est temps de démystifier ces stock-options, même s'il n'est pas toujours facile d'expliquer le concept,* ajoute Thierry Florin. *Un plan de stock-options est un mécanisme qui permet à un salarié d'acquérir des actions de l'entreprise à un prix fixé à l'avance. L'intérêt du système est que le salarié garde la main : libre à lui d'exercer ou non l'option d'achat, passé un délai d'indisponibilité de quelques années. »* De l'actionnariat salarié en somme, mais à des conditions privilégiées. Cette fois, l'entreprise décide librement de proposer ce plan à qui elle veut. En général, les privilégiés se comptent surtout parmi l'équipe dirigeante, même si le mouvement se démocratise. À l'instar de certaines primes, les options sur titre (stock-options) sont attribuées de manière arbitraire. De quoi attiser des tensions entre salariés d'une même entreprise.

Comment, en pratique, le système options sur titre fonctionne-t-il ? L'entreprise vous propose d'acquérir des actions à un prix convenu à l'avance (en général le cours de l'action au jour J si la société est cotée, sinon de manière très subjective). Passé un délai de quelques années, vous pouvez lever l'option avec profit si le cours de l'action a monté. Dans le cas contraire, vous ne levez pas l'option d'achat mais la conservez en attendant des jours meilleurs. Et ne perdez donc rien ! Intérêt de la formule : les gains ne sont pas imposés comme du salaire mais comme des plus-values, à un taux qui va de 26 à 50 %. Il faut dire que le contexte réglementaire des stock-options est particulièrement favorable : s'il réalise un gain, le bénéficiaire de stock-options n'est pas soumis aux charges sociales. En rappelant que le gain hypothétique est la différence entre le cours de bourse de l'action et le prix d'exercice : si le salarié lève son droit d'achats d'actions quand le cours de l'action en Bourse est supérieur au prix de souscription préalablement déterminé, il réalisera une « plus-value d'acquisition ». Prudence toutefois, le système d'imposition des plus-values sur stock-options ne cesse d'évoluer à chaque législature. Le thème est sensible et ne fait pas l'unanimité politique.

Environ 200 000 salariés bénéficient de stock-options en France. Si presque toutes les grandes entreprises cotées à la bourse de Paris (CAC 40) sont concernées, en leur sein, les stock-options ne touchent que de 1 à 3 % des effectifs. Selon le panel Oscar 2002 (Observatoire du salaire des cadres et de leurs revenus UCC CFDT) *« 19,3 % des cadres exercent leur activité au sein d'une entreprise où existe un plan de stock-options et 20,5 % de ceux-là en bénéficient effectivement, soit à peine plus de 4 % de l'ensemble... la proportion de cadres demeure limitée, même si le phénomène tend à augmenter d'année en année. »* Le temps n'est plus où les start-up de la nouvelle économie, les jeunes pousses de l'Internet, offraient des stock-options (en fait des BSPCE : bons de souscription de parts de créateurs d'entreprise) à leurs salariés. Un temps révolu ? Rien n'est moins sûr.

DU « REVENU » POUR LA RETRAITE ?

Salaire net, avantages en nature, épargne salariale, primes de toutes sortes... voici, semble-t-il, terminé le chapitre rémunération. Il n'en n'est rien. *« Au carrefour des politiques de rémunération des entreprises, il est un élément qui mériterait une place sans doute beaucoup plus grande que celle qu'on lui réserve aujourd'hui : la retraite supplémentaire ou sur-complémentaire »*, insiste Manuele Pennera, associé au cabinet Karente, spécialiste de l'épargne retraite en entreprise. En effet, il s'agit là encore d'une rémunération différée qui, pour le salarié, consiste à profiter de la contribution de son employeur pour se constituer un complément pour la retraite à des conditions fiscalement avantageuses. Un complément servi sous forme de revenu régulier jusqu'au décès. Une pension de retraite en somme. Le moment venu, ce revenu (une rente viagère en jargon d'assureur) vient alors s'ajouter aux pensions des régimes obligatoires (retraite de base et retraite complémentaire). En somme, au lieu de vous verser un complément de salaire immédiat, votre employeur choisit de vous verser davantage... pour votre retraite.

« On incite l'entreprise à jouer son rôle social dans le financement de la retraite, explique-t-on chez Gan Assurances. *Mais ne nous trompons pas : ce rôle social de l'entreprise est fortement encouragé par des avantages fiscaux et sociaux importants. Dans ce cadre, le financement de la retraite s'analyse comme une partie intégrante de la rémunération globale du salarié durant sa période d'activité professionnelle. »* Bien entendu, le jour venu, cette retraite sur-complémentaire est alors fiscalisée à l'impôt sur le revenu. Mais en général à un moindre taux que celui auquel vous êtes soumis durant votre activité. En définitive, il s'agit de fonds de pension accessibles *via* son entreprise.

Autre intérêt de la formule, les cotisations du salarié sont déductibles de l'impôt (sous certaines limites toutefois : très précisément dans la limite de 19 % de 8 fois le plafond annuel de la Sécurité sociale !).

À ce jour, les cadres sont les plus concernés par ces formules. Il y trouvent un grand intérêt puisque le taux de remplacement – autrement dit le rapport entre leur pension et leur ancien salaire exprimé en % – est appelé à diminuer. Selon les projections admises par le COR (Conseil d'orientation des retraites), la plupart des cadres toucheront environ 50 % de leur salaire une fois en retraite. Les cadres ont donc tout intérêt à ces formules de retraite sur-complémentaire, mais pas uniquement eux. *« Cet outil de rémunération différée s'étend de plus en plus à l'ensemble des salariés »*, constate-t-on à La Mondiale, assureur qui compte parmi les leaders de la retraite collective en France. C'est le cas chez Michelin dont le contrat retraite s'adresse depuis 2002 à tout le personnel. D'autres groupes ont également franchi le pas et pris la mesure d'un tel outil : Peugeot (PSA), Total ou Coca-

Cola France, entre autres, ont mis en place des solutions de retraite complémentaire. Une certitude : vous n'aurez accès à ce type d'outil que si votre employeur en a décidé ainsi. C'est lui qui, encore une fois, a la main. Mais s'il opte pour cet outil, il devra en faire bénéficier tous les salariés ou une catégorie précisément définie (par exemple les cadres commerciaux).

« *Sur un plan technique, les formules de retraite sur-complémentaire sont des contrats collectifs d'assurance retraite souscrits par l'entreprise pour l'ensemble de ses salariés* », ajoute Manuèle Pennera. Leur gestion est toujours confiée à une compagnie d'assurances, à une mutuelle ou un groupe de prévoyance. La gestion de l'épargne est alors soumise à des règles de prudence en France comme dans l'ensemble de l'Union européenne, avec, notamment, un souci de diversification et une part actions limitée. Avec la réforme 2003 des retraites, il sera aussi possible de souscrire individuellement, *via* son employeur, un plan d'épargne retraite. Ce dernier sera assorti d'incitations fiscales définies dans la loi de finances 2004.

Certains ne pourront s'empêcher de considérer ces outils comme des freins supplémentaires à la croissance de leur rémunération. Tous les salariés, en effet, n'ont pas nécessairement envie, ni besoin, de cotiser à une retraite complémentaire, même si le système est truffé d'avantages : l'employeur prend à sa charge une partie des cotisations ponctionnées sur le salaire brut. Il aura d'ailleurs tout intérêt à remplacer certaines hausses de salaires par une telle formule, beaucoup moins coûteuse compte tenu de l'exonération des charges sociales. Quant au salarié, un plan de retraite en entreprise lui permet de dégager une capacité d'épargne supérieure à une augmentation de salaire brut de même montant (voir le chapitre 7).

> **RÉCOMPENSE**

Chassez la… prime !

Les entreprises peuvent proposer une multitude de primes dont la dénomination prête parfois à sourire. En voici une vingtaine que vous vous verrez peut-être un jour proposer. Cette liste est non exhaustive.

- **Prime d'ancienneté** : son montant brut ne peut pas excéder 18 % du salaire brut. Contrairement à une idée reçue, cette prime n'est pas inscrite dans le Code du travail (comme toutes les primes d'ailleurs), mais répond d'une négociation de branche ou d'entreprise.
- **Prime de fidélité** : à chacun sa définition de la fidélité…
- **Prime de fin d'année** : comme son nom l'indique, versée en fin d'année… pour fêter la nouvelle !
- **Prime exceptionnelle** : autrement dit, elle ne se renouvellera pas automatiquement. Par exemple, une prime pour la signature immédiate d'un contrat de travail.
- **Prime pour travail de nuit** : sans commentaire.
- **Prime de contrainte** : rémunère un travail pénible ou une astreinte particulière. 10 % maximum du salaire brut.
- **Prime sur objectif** : non plafonnée.
- **Prime de rétention** : non plafonnée. Pour éviter la fuite des employés vers des concurrents meilleurs payeurs.
- **Prime de rideaux** : non plafonnée. En cas de déménagement pour raisons professionnelles.
- **Prime de vacances** : participation de l'employeur aux frais de vacances, souvent les congés d'été.
- **Prime d'équipe** : forme collective de rémunération composée, en général, d'une répartition d'un montant parmi les membres de l'équipe de salariés, d'une prime supplémentaire aux meilleurs éléments, et d'un plus basé sur la performance totale de l'équipe mais versé en fonction du rendement de chacun.
- **Prime de détachement** : 30 % maximum du salaire.
- **Prime de rendement individuel** : un montant forfaitaire en général.
- **Prime de vie chère** : anecdotique.
- **Prime de ponctualité** : mauvais pour les retardataires…
- **Prime pour travaux dangereux ou pénibles** : notamment dans le bâtiment.
- **Prime de bienvenue** : à l'embauche souvent, d'un montant qui peut atteindre 15 000 euros. Mais gare à l'éventuelle clause de remboursement en cas de départ rapide.
- **Prime de cooptation** : quand vous permettez le recrutement d'une personne que vous avez vous-même présentée.
- **Prime géographique** : quand vous travaillez dans un pays éloigné et aux conditions difficiles.
- **Prime d'installation à l'étranger** : un plus pour compenser tous les frais inhérents à un tel changement.

À SAVOIR

Vous avez dit « prime d'expatriation » ?

Jean part en mission à l'étranger. Son employeur va lui octroyer une prime d'expatriation (ou prime d'éloignement). Jean a de la chance : ce type de prime bénéficie d'un petit havre de paix fiscal. En effet, selon l'article 81-A-III du Code général des impôts, il est possible d'octroyer un complément de rémunération – non imposable – aux salariés qui sont envoyés en mission ponctuelle hors de France. Pour autant, tout n'est pas possible. Cette prime doit être fixée à l'avance et proportionnelle au temps passé à l'étranger. Elle peut atteindre de 30 à 40 % maximum du salaire de base. Mais, dans tous les cas, Jean aura tout intérêt à conserver précieusement les justificatifs de ses déplacements (billets d'avion et factures d'hôtels notamment), pour le cas où l'administration fiscale y trouverait à redire…

MALIN

6 conseils malins avant de dire oui aux stock-options

1. Étudiez de près le plan de stock-options proposé. Est-il transparent ? Quelle est son utilité (est-il ouvert aux salariés ou ne confère-t-il des avantages qu'aux cadres dirigeants…) ? Quelle est sa durée de vie ?
2. Soyez très attentifs aux conditions de déblocage de vos options. Elles peuvent être soumises à des critères de performance délicats.
3. Faites-vous une idée sur les perspectives d'évolution possibles du cours de l'action. Ne vous laissez pas simplement bercé par les discours du recruteur.
4. Soyez informés des conséquences en cas de rupture du contrat de travail. En somme, voyez précisément quelles compensations vous recevrez.
5. Évitez les stock-options dans les sociétés non cotées (dans ce cas les actions ont une valeur virtuelle, estimée à partir du bilan comptable de l'entreprise). C'est très aléatoire.
6. Enfin, ne signez pas un plan de stock-options, par définition risqué, sans mesurer auparavant votre aversion au risque et l'exposition en actions de la totalité de votre patrimoine personnel. Règle d'or de l'épargnant : diversifiez votre épargne. Ne choisissez jamais le « tout en actions ».

> **À SAVOIR**

Quelle formule de retraite sur- complémentaire choisir ?

Il existe deux grands régimes, qu'il est important de distinguer. Utile à connaître pour le jour où votre employeur vous fera la proposition.

1. **Les régimes dits à prestations définies**, dont les avantages fiscaux reposent sur l'article 39 du Code général des impôts. Avec ce contrat de retraite, l'employeur s'engage sur un niveau de retraite défini à l'avance, un montant en général lié à la rémunération et à l'ancienneté du salarié. Les cotisations sont à la charge exclusive de l'employeur. Inconvénient de cette formule à priori très séduisante (puisque vous savez d'emblée ce que vous toucherez à la retraite), il faut être encore présent dans l'entreprise à la fin de sa carrière pour en bénéficier.
2. **Les régimes dits à cotisations définies** (bénéficient des faveurs de l'article 83 du Code général des impôts). Là, pas de retraite fixée à l'avance, mais une pension qui sera fonction des cotisations versées par l'employeur et éventuellement par vous. Le tout sera majoré par les résultats financiers dégagés par l'assureur gestionnaire. Attention, il est impossible de récupérer votre épargne avant la retraite (sauf chômage et invalidité). Avantage de la formule : si vous quittez l'entreprise, l'épargne inscrite sur votre compte retraite peut être transférée vers celui du nouvel employeur (s'il existe). Dans tous les cas, vos droits ne sont pas perdus. Si le salarié décède avant de prendre sa retraite, l'épargne acquise est en effet versée à ses bénéficiaires en exonération de droits de succession. S'il décède après son départ à la retraite, l'épargne acquise sera alors versée à son conjoint sous forme de rente viagère s'il a opté pour l'option réversion.

Quand le droit fixe les limites au salaire variable

Salaire variable, oui. Mais comment, dans quel cadre et dans quelles limites ? Comment en effet encadrer la part du salaire variable dans le salaire total. C'est la justice, à travers son organe suprême, la Cour de Cassation, qui détermine les règles du jeu en matière de salaire fixe et salaire variable. Pour la Haute Cour, les choses sont très claires. Premier point, toute modification, sans concertation avec le salarié, de sa rémunération, est illicite. En revanche, il est parfaitement admis que des clauses de variation du salaire soient incluses dans le contrat de travail. Ce qui est souvent fait avec plus ou moins de précisions.

Aussi, la chambre sociale de la Cour de Cassation a-t-elle précisé sa position : le salaire peut varier selon différents critères mais ces critères doivent être « *objectifs* ». Plus précisément, « *une clause du contrat de travail peut prévoir une variation de la rémunération du salarié dès lors qu'elle est fondée sur des éléments indépendants de la volonté de l'employeur, ne fait pas porter le risque d'entreprise sur le salarié et n'a pas pour effet de réduire la rémunération en dessous des minima légaux et conventionnels.* »

Chaque mot a son importance. On distingue clairement trois limites à la variation du salaire. La première : l'objectivité des critères qui déterminent la variation du salaire.

Que faut-il entendre par là ? Sans doute que ces critères aient été clairement exposés au préalable (à l'embauche) au salarié et qu'ils reposent sur des éléments mesurables (chiffre d'affaires par exemple). Seconde limite imposée par la Cour de Cassation : le salarié ne peut être tenu responsable des difficultés de l'entreprise et voir alors son salaire baisser. Clairement, le salarié ne peut être tenu responsable de la défaillance de l'entreprise dont il ne porte pas la responsabilité (sauf bien sûr s'il est lui-même le chef d'entreprise). Troisième et dernière limite : le salaire fixe perçu par le salarié, doit toujours être au moins égal au SMIC, c'est à dire au minimum légal. En France, aucun ne peut voir sa rémunération descendre au-dessous de ce seuil.

Pour les aficionados des textes juridiques, ils pourront se procurer deux récents arrêts de la Cour de Cassation, datés du 2 et 10 juillet 2002, portant sur la question de la part variable du salaire.

À LIRE

Les primes et les avantages, Isabelle Gallay, Rebondir, 2002

Le salaire ne fait plus tout, Didier Burgaud, Éditions d'Organisation, 2002

Guide de l'actionnaire salarié, Fédération française des associations d'actionnaires salariés et anciens salariés (FAS), 2000

LES SITES À VISITER

À consulter, pour tout savoir sur les stock-options : **www.stock-option.fr**

5 À PROPOS D'AUGMENTATION

UN EMPLOYEUR, DES NÉGOCIATIONS ET MOI

Votre augmentation de salaire résulte de la politique salariale de votre entreprise. En France, la politique salariale et les négociations patrons/salariés qui la font vivre, sont fortement encadrées par la loi. Autant en connaître les mécanismes pour mieux comprendre. Mais la donne est en train de changer. Entre rémunération globale et individualisation croissante, les négociations salariales sont aujourd'hui en pleine mutation. Pour le salarié, il n'est pas si facile de s'y retrouver. D'autant qu'il n'est pas toujours en position de force. Seule certitude : à défaut de hausse, pas de baisse de votre salaire... sans votre accord.

QU'EST-CE QU'UNE POLITIQUE SALARIALE ?

Rappelez vous vos années de lycée, quand on vous apprenait les fondamentaux de l'économie. Un chapitre de cet enseignement était consacré à l'entreprise, ses salariés, leur rémunération. Avec, à la clé, une question : comment s'articulent ces trois éléments entre eux ? Un indice proposé par un manuel d'économie : « les coûts salariaux et les charges annexes représentent un poste très important pour toute société ». Dit autrement : les salaires (totalisés, ils forment ce que l'on nomme la « masse salariale ») constituent une charge fixe qui pèse fortement sur le compte d'exploitation. Et influent donc sur la compétitivité de l'entreprise, puisqu'ils intègrent le prix de revient du produit ou service vendu au consommateur. Aussi, tout chef d'entreprise doit-il impérativement en garder le contrôle et ne pas commettre d'erreur, sous peine de mettre en danger l'entreprise et ses salariés.

Ce préambule à peine posé, nous entrons de plain-pied au cœur de la politique salariale que nous pourrions définir comme l'utilisation d'outils pour fixer et faire évoluer les salaires. Mais, en fait, la politique salariale de l'entreprise s'inscrit dans une véritable stratégie et évolue au fil du temps. Une entreprise solidement implantée sur son marché, une valeur sûre, en quelque sorte, pour les salariés, pourra davantage se permettre un certain immobilisme pour les salaires de base. En revanche, une entreprise qui, pour grossir, doit impérativement recruter de bons éléments va devoir, pour les attirer et les fidéliser, offrir des salaires fixes d'une valeur supérieure. Les employeurs jouent donc une double partition : « *Leur politique salariale doit être, à la fois, attractive sur le marché de l'emploi et compétitive au niveau des coûts salariaux*, résume Michel Herriot, spécialiste du monde l'entreprise, ex-directeur des ressources humaines dans plusieurs entreprises. *Mais ce sont là de biens grands mots dont il faut se méfier. Beaucoup d'entreprises, notamment les PME, n'ont pas mis en place de réelle politique salariale et avancent à tâtons.* »

Qu'en est-il de l'entreprise dont vous êtes salarié ? Comment les salaires, le vôtre notamment, évoluent-ils ? Rappelons d'abord qu'il n'existe aucune automaticité à la hausse du salaire, contrairement à une idée reçue. Dans les faits, nous l'avons vu dans un précédent chapitre, on relève deux situations de hausse du salaire : par le biais de négociations collectives (secteurs d'activité, branches, entreprises) d'une part, et, *via* une négociation individuelle, entre vous (le salarié) et l'employeur, d'autre part. Mais, on le sait, entre augmentation collective ou individuelle, les arbitrages ne sont pas toujours simples. Pour les syndicats de salariés qui sont partie prenante dans les négociations collectives, les augmentations générales doivent maintenir et améliorer le pouvoir d'achat, c'est un objectif à poursuivre. Les augmentations individuelles sont, elles, plus appréciées des cadres. Mais les critères et les modalités d'application de ces augmentations devraient être négociées collectivement. Qu'il s'agisse des objectifs ou des moyens mis en œuvre pour les atteindre, rien ne peut être imposé unilatéralement. À la difficulté des arbitrages s'ajoute celle de la transparence, pas toujours de mise, puisque beaucoup de cadres découvriraient, trop souvent encore, l'évolution de leur rémunération en ouvrant leur bulletin de salaire ! Bref, dans sa réalité, la négociation salariale est très éloignée de ce qu'elle devrait être en théorie. *« Bien souvent, lors d'une négociation annuelle, les modalités d'attribution des primes et autres bonus restent opaques*, note un représentant du personnel chez un constructeur automobile français. *C'est fermé à la négociation. Il en va de même pour l'échange d'informations sur les critères objectifs d'individualisation des salaires. On a vite fait de noyer le poisson... ».* Soyez cependant rassuré : la politique salariale adoptée et mise en application par votre employeur ne s'élabore pas lors d'un « fumeux » séminaire de créativité. D'ailleurs, votre employeur n'est pas seul maître à bord, les rôles sont partagés.

Suivons ce processus très encadré par la loi et les traditions. La négociation salariale est collective que ce soit au sein des branches professionnelles ou de l'entreprise. La négociation de branche fixe les règles générales comme les salaires minima ou les barèmes de chaque convention collective. elle révise aussi la nature ou le montant des primes octroyées. Mais *« ces négociations de branche sont en perte de vitesse en France*, souligne Jacques Delmas, DRH. *C'est désormais davantage au niveau de chaque entreprise que tout se joue. »* La politique salariale proprement dite se joue au sein de l'entreprise : les négociations salariales annuelles d'entreprise sont obligatoires depuis la loi du 13 novembre 1982. Selon l'article L132-27 du Code du travail,

« dans les entreprises où sont constituées une ou plusieurs sections syndicales d'organisations représentatives, l'employeur est tenu d'engager chaque année une négociation sur les salaires effectifs ». Concrètement, chaque année, dans toute entreprise de plus de 50 salariés, se déroulent des négociations sur l'évolution des salaires impliquant l'employeur et les délégués syndicaux.

Si l'entreprise ne compte pas de délégué syndical (c'est le cas pour les deux tiers des entreprises de moins de 100 salariés), il est fait appel aux représentants (délégués) du personnel ou des salariés mandatés par une organisation syndicale. Toutefois, selon la Dares (Direction de l'animation de la recherche et des études statistiques, qui dépend du ministère du Travail), *« la négociation salariale s'éloigne dans la pratique des procédures légales : ceux qui négocient pour le personnel sont souvent des élus, voire des salariés sans mandat particulier, plutôt que des délégués syndicaux comme la loi le prescrit. »* À noter : dans certaines très petites entreprises (TPE), enfin, il n'existe pas à proprement parler de négociation annuelle.

Négocier n'est pas signer : ces « discussions » ne mènent pas toujours, loin s'en faut, à un accord en bonne et due forme (toujours selon la Dares, la discussion n'aboutirait à un accord que deux fois sur trois). En l'absence de signature d'un accord, la décision de mise en œuvre des mesures appartient à l'employeur. Si accord il y a, ses effets sur les salaires ne se font pas immédiatement sentir. *« En général, les négociateurs établissent un calendrier des relèvements qui peut s'échelonner sur une année, voire plusieurs, comme cela a été le cas pour plus de 12 % des textes signés en 2000 par exemple. »*, ajoute-t-on à la Dares.

Si le Code du travail incite à la négociation, il ne garantit pas pour autant une augmentation annuelle minimum et automatique du salaire. Il définit les limites du « permis ». Ainsi, chacun sait que les plus bas salaires, c'est-à-dire ceux qui se situent au niveau du SMIC (Salaire minimum interprofessionnel de croissance) et qui concernent 14 % des salariés, sont automatiquement réévalués chaque année (en juillet). Mais chacun sait aussi que cette augmentation du salaire minimum n'entraîne aucune réévaluation parallèle des salaires supérieurs au SMIC, même de ceux qui ne le dépassent que de quelques dizaines d'euros. La loi est, à ce sujet, formelle (article L141-9 du Code du travail) : « sont interdites dans les conventions ou accords collectifs du travail, les clauses comportant des indexations sur le salaire minimum de croissance ou des références à ce dernier en vue de la fixation et de la révision des salaires prévus par ces conventions ou accords ». On appelle cela la « clause d'échelle mobile ». Traduisez : interdiction de réévaluer automatiquement les salaires en fonction du SMIC, mais aussi en fonction de tout autre indice. Ainsi, la révision automatique des salaires en cas de hausse des prix (inflation) est-elle strictement prohibée. Objectif de la loi : ne pas nourrir la hausse des prix par une augmentation récurrente des salaires. Même si, dans la pratique, par tradition mais sans formalisme, une augmentation est souvent attribuée pour compenser ou anticiper, par exemple, la hausse du coût de la vie. Du reste, au sein des conventions collectives de travail, on relève quelques clauses précises sur la négociation de salaire, qui contournent habilement cette interdiction.

LA CONVENTION COLLECTIVE, UNE BASE SOLIDE

Autre point clé : la convention collective, texte qui résulte d'un accord conclu entre les organisations syndicales d'employeurs et de salariés sur les conditions de travail au sens général du terme (salaires, congés, primes, conditions de rupture du contrat de travail...) et qui s'applique, en général, à une profession ou une branche d'activité. Les journalistes ont, par exemple, une convention collective qui leur est propre (n° 3136) et qui prévoit, notamment, le versement d'un 13e mois de salaire. Dès lors, aucun employeur ne peut y déroger. En fait, la convention collective constitue un premier socle, sur lequel vont pouvoir s'appuyer, par la suite, les négociations collectives et individuelles du salaire. Il faut s'y reporter avant d'entamer toute négociation. *« Concernant le salaire, il est possible qu'un accord soit conclu par le biais d'une convention collective,* précise Michel Herriot. *Dans ce cas, un avenant vient intégrer la convention et s'appliquera à tous aussitôt qu'un arrêté ministériel l'aura confirmé. »* Mais il est bien sûr possible d'aller plus loin et de dépasser les règles de la convention collective à partir du moment où les salaires négociés lui sont supérieurs. À noter que, souvent, les conventions collectives fixent une grille de salaires réels pour la profession concernée. Et si des accords sont conclus dans l'entreprise, ils ne peuvent en aucun cas prévoir des salaires inférieurs à ceux retenus par la convention collective.

Vous pouvez vous procurer la convention collective (document écrit et signé par les représentants des salariés et des employeurs) dont vous dépendez à la Direction du travail et de l'emploi de votre département et en prendre connaissance. Mais sachez que si votre entreprise est soumise à une convention collective de travail, celle-ci doit obligatoirement être affichée dans les lieux de travail (art. R 135-1 du Code du travail) et, pour le moins, que son nom doit figurer sur votre bulletin de salaire.

Dans les faits, la négociation salariale, collective ou individuelle, est fortement influencée par des éléments extérieurs. À commencer par la conjoncture économique ou les réformes structurelles en cours dans le pays : la réduction du temps de travail à 35 heures hebdomadaires a ainsi considérablement pesé sur les politiques salariales des entreprises. Dans leur ensemble, les négociations menées lors du passage aux 35 heures ont eu pour effet une modération salariale qui s'est traduite, dans de nombreux cas, par un gel des salaires. *« Les entreprises engagées dans un processus de réduction du temps de travail (RTT) ont opté pour le maintien du niveau des rémunérations de leurs salariés tout en prévoyant fréquemment un gel ou un ralentissement des évolutions ultérieures, pour une durée moyenne d'environ deux ans »*, constatent Olivier Barrat et Catherine Daniel de la Dares (Direction de l'animation, de la recherche et des études statistiques). Le passage aux 35 heures a, de fait, entraîné le développement de nouveaux outils de rémunération plus flexibles pour compenser le gel du salaire fixe. Mais d'autres facteurs externes influent sur la politique salariale d'un employeur. C'est le cas, notamment, de la bonne ou mauvaise santé de son secteur d'activité ou du marché de l'emploi. Le marché est-il tendu (peu de candidats pour beaucoup d'offres) ? Si oui, cette tension pousse les salaires à la hausse. L'employeur n'est donc pas complètement maître de ses décisions en matière de salaires.

En dehors du cadre légal et de l'impact de certains éléments extérieurs, sur quoi les négociations d'entreprise porteront-elles, *in fine* ? Sur le salaire de base avant tout. Selon les cabinets consultants en rémunération, un employeur dispose, en général, de trois manières de distribuer les augmentations de salaire à son personnel. La première, très classique : on donne un peu à tous. Autrement dit, on saupoudre en répartissant l'enveloppe d'augmentation. *« De la sorte, on ne démotive personne »*, plaide Michel Hermont, responsable du pôle rémunérations chez un grand distributeur. C'est la méthode la plus répandue. Elle concernerait, bon an mal an, la moitié des solutions retenues. La seconde manière de distribuer les augmentations de salaire est dite « opportuniste ». On donne peu à un maximum de salariés : 70 % ont moins de 2 % d'augmentation, soit tout juste l'inflation. Mais, opportunisme oblige, on ne donne guère plus aux 30 % restants. Enfin, troisième manière de distribuer des augmentations de salaires : la manière dite « sélective ». *« Elle porte bien son nom puisque le patron donne beaucoup à quelques-uns et peu à beaucoup*, commente un consultant. *Il récompense les salariés les plus efficaces, au risque de décourager les autres. »*

Ce classique trio cède toutefois du terrain au développement d'éléments de rémunération complémentaires. En effet, *« une négociation doit également porter sur l'ensemble des éléments qui concourent au salaire,* ajoute Thierry M., responsable du pôle rémunération d'un groupe de tourisme. *Il ne faut pas se limiter aux seules augmentations collectives, par exemple au* « plus 2 % » *pour rattraper le coût de la vie. »* Et de poursuivre : *« Pour autant, si l'intéressement, la participation ou encore l'attribution de stock-options ne doivent pas être exclus du champ de la négociation, ces éléments ne doivent pas non plus se confondre avec la négociation salariale à proprement parler. Pourquoi ? D'abord, parce que tout le monde n'est pas nécessairement concerné par ces* « plus ». *Bon nombre de salariés risquent donc d'être découragés. Ensuite, parce que ces éléments complémentaires de la rémunération possèdent leur logique propre et ne répondent ni aux mêmes besoins, ni aux mêmes attentes pour tous. »*

De quoi, toutefois, s'interroger sur la place accordée à ces éléments de rémunération complémentaire dans la négociation d'entreprise (nous verrons dans les chapitres suivants qu'ils imprègnent beaucoup plus la négociation individuelle). L'employeur est aujourd'hui incité, tant par le juge que par le législateur, à regrouper la négociation de tous les éléments du salaire, y compris l'épargne salariale, dans le cadre de la négociation annuelle obligatoire. À suivre...

À quoi aboutissent les négociations d'entreprise	
Sur un échantillon de 496 accords	100 %
Augmentations générales	25,2
Augmentations générales et primes	23,8
Augmentations générales et individuelles, primes	14,7
Augmentations générales et individuelles	12,5
Primes seules	18,8
Augmentation individuelles seules	2,6
Augmentations individuelles et primes	2,4

Source : base des accords d'entreprise, Dares 2001

PLACE AUX POLITIQUES DE RÉMUNÉRATION GLOBALE

« *La communication de l'entreprise est un facteur clé de la réussite d'une politique salariale,* lance Olivier de Fontenay, responsable du développement chez Novacy, entreprise dédiée à l'épargne salariale. *Au moment de dialoguer avec le salarié à propos de sa rémunération, l'employeur devrait pouvoir lui indiquer précisément la totalité de ce qu'il gagne en incluant tous les compléments du salaire fixe. C'est une erreur fondamentale que de s'en passer. C'est à l'entreprise qu'il appartient de faire ces calculs et de totaliser. De même doit-elle apprendre à « vendre » cette somme distribuée et rendre lisible sa rémunération globale au salarié.* » Mais ces « opérations » ne sont pas toujours simples pour l'employeur, qui aura bien du mal à tout chiffrer en euros (pour s'en convaincre, se reporter aux chapitres 1 à 4). En définitive, l'entreprise devrait pouvoir élaborer un tableau de bord de la rémunération qui comprendrait, outre le salaire de base, les primes distribuées, les différentes rémunération variables (intéressement, participation...), les avantages en nature, etc. Mais voilà : « *L'assimilation de la notion de rémunération globale est encore limitée et les efforts de communication et de pédagogie encore faibles »,* commente Jean-Marie Peretti, professeur à l'Essec. Il faut savoir qu'en France, le développement des systèmes de rémunération variable tels que la participation ou l'intéressement s'explique avant tout par des initiatives des pouvoirs publics et un vote législatif.

Mais, direz-vous, qui décide de l'application des systèmes de rémunération variable dans une négociation collective ? Qui les introduit, les modifie, les abolit ? En fait, il n'existe aucune unicité sur ce point. En France, après une impulsion législative qui fixe le cadre, la négociation collective sur la rémunération variable a principalement lieu au sein de l'entreprise pour ce qui concerne les systèmes de participation et d'intéressement. Il en est de même chez nos voisins européens. Une étude des instances européennes émet ce constat : *« Il n'est pas surprenant de constater que les négociations collectives sur la rémunération variable se déroulent en majorité au niveau de l'entreprise. »*. Et l'étude ajoute : *« L'utilisation croissante de la rémunération variable menace directement l'existence ou la pertinence des conventions collectives sectorielles, alors qu'au sein des entreprises, elle conduit à une individualisation plus importante des relations professionnelles. »*

La décentralisation de la négociation au sein de l'entreprise (et non plus de la branche ou du secteur d'activité) et l'individualisation croissante de la rémunération (elle concerne aujourd'hui plus d'un cadre sur deux) concourent à alléger le poids des conventions collectives dans la détermination des salaires. Cette évolution n'est pas toujours du goût des syndicats qui rappellent que les systèmes de rémunération variable sont avant tout du ressort des employeurs. Ils rappellent également que les augmentations générales demeurent nécessaires et que les négociations salariales doivent concerner l'ensemble des éléments qui concourent au salaire, aussi bien l'évolution des prix que les procédures, les critères et les effets des systèmes d'individualisation. Enfin, ils mettent en garde contre des politiques d'individualisation des salaires qui se substitueraient totalement à la politique salariale collective... plutôt que d'en être un complément. Malgré ces mises en garde, les syndicats ont du « faire » avec l'individualisation des salaires à laquelle les salariés sont aussi majoritairement favorables (71 % des salariés selon le Cadroscope de l'Apec notamment, ce n'est pas une surprise : les jeunes cadres et les cadres les mieux rémunérés). Et puis, ironise Michel Herriot, ex-directeur des ressources humaines dans plusieurs entreprises, l'individualisation des salaires est souvent plus *« payante »* : *« Tout le monde n'est pas nécessairement augmenté, mais ceux qui le sont gagnent davantage ! »*

Les politiques salariales des entreprises sont en pleine évolution. Une évolution qu'Hélène Chazot, directrice des ressources humaines chez Scor, un grand de la réassurance, résume ainsi : *« On peut observer trois étapes au cours des dix dernières années. La première se situe au début des années 90, quand la Scor menait essentiellement une politique d'augmentation générale des rémunérations, les augmentations individuelles étaient alors faibles. Dans un deuxième temps, l'individualisation s'est progressivement installée. Enfin, dès les années 1999-2000, nous avons commencé à appliquer une politique de différenciation des rémunérations selon les groupes de population pour compléter la politique d'individualisation. En outre, la distribution d'options sur titre a été élargie à l'ensemble du personnel,* explique la directrice des ressources humaines. *Aujourd'hui, différentes politiques salariales peuvent co-exister au sein d'une même entreprise. Tout est question d'équilibre, de flexibilité et de transparence envers les salariés. »*

Et c'est ainsi que fonctionne désormais la majorité des multinationales et des grands groupes. Autre exemple : l'accord collectif national sur la rémunération signé par les partenaires sociaux des Caisses d'Épargne et qui vise à rénover le « système de rémunération », selon les propres termes de l'accord... En fait, les entreprises trouvent un grand intérêt à la notion de « paquet salarial ». *« Quand tout ne tourne plus exclusivement autour du salaire de base, c'est incontestablement moins de surenchère salariale,* assure Thierry B., responsable des ressources humaines dans une agence de communication. *En lieu et place d'une augmentation générale des salaires, l'employeur va mettre en place des avantages connexes moins coûteux. Et puis, il faut avoir l'honnêteté de rappeler que les outils de rémunération globale ouvrent droit à de larges exonérations de charges sociales et salariales. Ils sont donc très intéressants car ils pèsent bien moins lourd que les augmentations de salaire dont le poids n'est plus jamais remis en cause, tant il est difficile d'y revenir. »* On peut alors se poser la question : ces dispositifs qui permettent, notamment, de compenser la modération salariale, n'auraient-ils pas pour contrepartie d'accroître la rigueur salariale ? Cette *« rigueur salariale qui prévaut désormais au nom de la compétitivité, alors que des dividendes sont versés aux actionnaires,* souligne Antoine Rémond, professeur à l'université Paris XIII dans une étude sur « l'épargne salariale constitutive d'une règle salariale marchande ». L'auteur redoute en effet que l'on aille trop loin dans ce sens, même si les dispositifs d'épargne salariale constituent un contre-poids qu'il faut prendre en considération.

La politique de rémunération globale prendrait-elle le pas sur la politique salariale ? La voie paraît, certes, tracée « *devant progressivement s'étendre à tous les salariés* » selon Jean-Marie Peretti. Mais beaucoup de petites et moyennes entreprises tardent ou hésitent encore à introduire des éléments de rémunération variable – ou au mérite – dans leur système de rémunération. Ce n'est, en effet, pas si simple. Un exemple pour s'en convaincre : selon l'étude réalisée par le cabinet d'études Epsy pour le compte des Mutuelles Mieux Etre, en février 2003, seuls 12 % de salariés d'entreprises de moins de 50 salariés bénéficient de PEE. L'évolution du système salarial est délicate, heurte les traditions et nécessite une pédagogie constante. En fait, plus l'entreprise est grande, plus les systèmes de rémunération variable sont fréquents et les politiques avant-gardistes possibles. Aussi, avant d'intégrer une entreprise, essayez de vous informer auprès de quelques uns de ses salariés sur le « tableau de bord » de la rémunération. Ainsi serez vous mieux armé pour discuter au moment de l'embauche (voir chapitre 6). La rémunération à la performance (ou au mérite), souvent évoquée, gagne, elle aussi, du terrain parallèlement à l'individualisation des salaires. Mais sa mise en place reste compliquée. « *Récompenser les plus performants plutôt que les plus anciens ou les mieux formés, pourquoi pas ?,* analyse Micheline, directrice générale d'une PME de 45 salariés dans l'Oise. *Toutefois, il faut se garder de vouloir aller trop vite et, de ce fait, négliger tous les aspects d'un tel bouleversement. S'il faut jouer la transparence avec le personnel et lui expliquer que tout le monde peut y gagner, il faut aussi éviter de générer une compétition néfaste entre salariés.* »

Toute politique salariale comporte son lot de compromis. Mais le tout évolue. « *L'évolution vers la rémunération globale, mieux connue et avec de réelles perspectives de choix, est positive car elle répond aux attentes croissantes des salariés* », appuie Jean-Marie Peretti qui ajoute : « *On se dirige vers une rémunération à la carte.* » Avec pour plat principal, le salaire de base. C'est pourquoi la politique salariale de demain pourrait, notamment, reposer sur le libre-arbitre du salarié. L'employeur lui offrant, par exemple, de choisir entre une augmentation de salaire immédiate et un avantage différé... Dans cet ordre d'idée, Axa, le géant de l'assurance français, propose depuis 2002 à ses salariés de choisir volontairement entre une part de rémunération variable alléchante ou une augmentation moindre, mais fixe et définitive. En somme, « bien rémunérer » devient tout un art. Dans la pratique, le « must » reste encore de bénéficier d'une formule mixte qui associe hausse collective et individuelle du salaire. C'est d'ailleurs le cas aujourd'hui dans un nombre croissant d'entreprises françaises, d'après le ministère du Travail et des Affaires sociales. Bon nombre de salariés jouent donc sur les deux tableaux.

STRATÉGIE

Les quatre objectifs d'une politique de rémunération

Tout en respectant les conventions collectives dont elle dépend et les négociations avec les syndicats, chaque entreprise mène sa propre politique en matière d'évolution salariale. « *Il existe autant de politiques salariales que d'entreprises* », note un DRH. Pour autant, les experts en rémunération s'accordent à dire qu'une politique de rémunération doit poursuivre quatre objectifs principaux :
- *La motivation du personnel et la reconnaissance du travail fourni*. Le mérite doit donc trouver sa place comme critère d'évolution du salaire.
- *L'équité*. Gare aux injustices entre salariés, premier vecteur de désagrégation du climat. Il est donc impératif d'expliquer clairement les critères retenus pour l'évaluation de chacun.
- *La compétitivité*. L'offre en termes de salaire devra être suffisante pour retenir les meilleurs éléments ou en attirer de nouveaux. Impératif cette fois de savoir ce que propose la concurrence.
- *La maîtrise des coûts*. Ce n'est pas l'objectif affiché, sinon les salariés se démobilisent. Mais la politique doit être relativement flexible pour affronter les temps de mauvaise conjoncture.

POUVOIR

Mais que fait donc l'État ?

« Pourquoi l'État n'augmente-t-il pas les salaires » entend-t-on souvent ? C'est lui accorder plus de pouvoir qu'il n'en a. *« La formation des salaires est d'abord le fait du marché du travail,* rappelle Jacqueline Boutand, professeur de sciences économiques. *Mais l'État (c'est-à-dire le gouvernement et la majorité parlementaire) peut aussi agir sur les salaires en tirant sur plusieurs leviers ».* Premier levier : la rémunération des fonctionnaires. C'est l'État qui a la main puisque les fonctionnaires sont ses employés. L'État mène donc sa propre politique salariale. Il n'existe aucune obligation de négocier les traitements des fonctionnaires, même si des rencontres sont organisées avec les ministres de tutelle. Second levier, l'État est maître de l'augmentation annuelle du SMIC. Il peut choisir de la booster, c'est souvent le cas à la nomination d'un nouveau gouvernement. Troisième moyen d'action, cette fois sans garantie d'application : l'État peut baisser les charges patronales pour inciter les employeurs à revoir à la hausse les salaires. Ce choix politique de baisse des charges influe positivement (en théorie) sur la dynamique salariale des entreprises en modifiant leur santé financière. Plus globalement, l'État mène une politique économique qui affecte, en partie, les pratiques salariales des entreprises. Sans garantie là encore.

INDIVIDUALISATION

Plus de deux cadres sur trois concernés par une individualisation de leur rémunération

Parmi les cadres augmentés, environ 70 % des cadres perçoivent une augmentation individuelle seule. Cette proportion n'était que de 56 % quatre ans plus tôt. Inversement, à peine 20 % obtiennent une augmentation uniquement collective. Mais le Cadroscope de l'Apec affine l'analyse et apporte trois informations précieuses. Un : les jeunes cadres sont les plus concernés par les augmentations individuelles. Deux : les fonctions « commercial », « communication » et « informatique » sont les plus concernées par l'individualisation. Plus généralement, les cadres exerçant des métiers dans le secteur tertiaire (services) sont plus concernés par les augmentations individuelles que ceux travaillant dans le secteur industriel. Le troisième enseignement est géographique : on pratique plus l'augmentation individuelle en région parisienne et dans le Nord et, dans une moindre mesure, la région Rhône-Alpes, que dans le reste de l'hexagone.

Source : Cadroscope Apec

FONCTION PUBLIQUE

Fonctionnaires... toutes catégories !

Fonctionnaire, votre rémunération est, en très grande partie, conditionnée par la classe dans laquelle vous évoluez. Prenons l'exemple des fonctionnaires de l'Union européenne. Ils sont classés en quatre catégories (A, B, C et D), chaque catégorie comportant des grades classés « dans un ordre croissant qui détermine les emplois types et les fonctions exercées » (sic !). Plus encore : chaque grade comporte un certain nombre d'échelons. On recense donc autant de salaires différents que de strates trouvées. Il existe en effet pour chaque grade « une échelle des traitements de base, elles-mêmes divisées en échelons ». Sachant que les fonctionnaires progressent automatiquement d'un échelon tous les deux ans. À ce traitement de base, dont l'évolution est calée, s'ajoutent (dans le cas précis des fonctionnaires européens) des allocations forfaitaires de foyer, scolaire ou pour enfant à charge. Une indemnité de « dépaysement » est accordée aux fonctionnaires qui ont du s'expatrier suite à leur recrutement. Pour l'anecdote, on notera que les fonctionnaires des institutions européennes ne paient pas l'impôt sur le revenu national... mais sont soumis à un impôt communautaire prélevé à la source.

LÉGISLATION

Les employeurs obligés à plus de transparence ?

En France, on n'aime pas beaucoup parler argent. Même si, ces temps-ci, on en sait un peu plus sur la rémunération des grands patrons, les employeurs ne sont pas toujours très transparents en matière de rémunération vis à vis de leurs salariés. Heureusement, la législation les y oblige progressivement même si aucun texte ne contraint l'employeur à communiquer le montant des rémunérations de chacun.

. Le Code du travail (art L432-4 alinéa 7) oblige le chef d'entreprise à remettre tous les ans au CE un document précisant les rémunérations (horaires et mensuelles) minimales et maximales perçues par les salariés ainsi que l'évolution de leur rémunération moyenne (horaire et mensuelle) par sexe et par catégorie.

. L'arrêt de la Cour de Cassation d'octobre 1996 rappelle, en se fondant sur le principe « À travail égal, salaire égal », que si l'employeur a le pouvoir d'individualiser les salaires, il doit pouvoir justifier objectivement (par l'expérience, les responsabilités...) les différences qui en résultent.

Depuis la loi du 9 mai 2001 sur l'égalité professionnelle entre hommes et femmes, le Code du travail (article L432-3-1) impose à tout employeur d'au moins 50 salariés de présenter pour avis au CE un rapport annuel chiffré sur la situation comparée des deux sexes. Ce décret prévoit que soient communiqués, par sexe et catégorie d'emploi, l'éventail des rémunérations, la rémunération moyenne mensuelle ainsi que le nombre de femmes qui figurent parmi les salariés bénéficiant des rémunération les plus élevées.

La parité loin du compte !

Il ne devrait pas exister de différences de rémunération selon que l'on est un homme ou une femme. Car le salaire ne peut être discriminant comme le précise le Code du travail (article L. 140-2 et suivants). Mais sur la voie de la parité, la France a encore beaucoup de chemin à parcourir. Les écarts de rémunération sont encore saisissants, comme l'indiquent les dernières statistiques publiées par l'Insee (Institut national de la statistique et des études économiques), dans son édition 2002 de « Regards sur la parité ». Les tableaux ci-contre montrent un écart de salaire de 20 % en moyenne dans le privé contre 14,4 % dans la fonction publique (voir les tableaux). Mais en creusant, on voit que c'est au cœur du statut des cadres que les différences hommes/femmes sont les plus marquées. Dans le secteur privé et semi-public, une femme cadre gagne en moyenne 76 % du salaire d'un homme. Un chiffre ramené à 82 % dans la fonction publique (voir les tableaux). Bien sûr, ce ne sont là que des moyennes desquelles des entreprises se démarquent fortement. Reste que sur le chemin de l'égalité de traitement entre les deux sexes, on est encore loin, très loin, du compte. Pourtant, selon l'article L 132-27 du Code du travail, « l'employeur est tenu d'engager chaque année une négociation sur les objectifs en matière d'égalité professionnelle entre les femmes et les hommes dans l'entreprise, ainsi que les mesures permettant de les atteindre... ». Les employeurs savent pourtant qu'en payant des femmes à des salaires inférieurs à celui des hommes dans une même catégorie professionnelle et sans justification objective, ils s'exposent à des amendes.

L'étude de l'Insee apporte un autre éclairage étonnant. Elle a étudié les salaires mensuels médians (c'est-à-dire que la moitié des gens gagne plus, l'autre moins) selon le diplôme et la durée écoulée depuis la sortie du système éducatif. En 2001, les femmes sorties depuis moins de 10 ans du système éducatif et titulaires d'un diplôme de l'enseignement supérieur gagnaient 16,1 % de moins que les hommes du même niveau d'études. Pour les titulaires d'un CAP ou BEP, l'écart tombe à 10,5 %. Mais les fossés se creusent quand l'Insee se penche sur des gens sortis du système éducatif depuis plus de dix ans. Pour les diplômés de l'enseignement supérieur, l'écart de salaire femmes/hommes monte à 30,5 % ! Il est aussi de 16,9 % pour celles et ceux qui détiennent un CAP ou BEP. Inquiétant glissement. Même si comparés aux mêmes données relevées en 1991, on constate que les écarts se resserrent. Rendez-vous dans dix ans.

Salaires nets annuels moyens par CSP (catégories socio-professionnelles), en euros courants

Secteur privé et semi-public, année 2000

	Femmes	Hommes	Rapport des salaires femmes/hommes en %
Cadres	31 694	41 939	76
Professions Intermédiaires	19 286	22 381	86
Employés	14 417	15 772	91
Ouvriers	12 540	15 389	81
Ensemble	**17 543**	**21 936**	**80**

Source : Insee, Déclaration annuelles des données sociales, DADS 2000

Salaires nets annuels moyens par CSP, année 2000

Fonction publique d'État (non compris les établissements publics ainsi que La Poste et France Télécom)

	Femmes	Hommes	Rapport de salaire Femmes/Hommes en %
Cadres	26 321	32 098	82
Professions Intermédiaires	19 641	20 804	94,4
Employés et ouvriers	16 047	18 234	88
Ensemble	**21 779**	**25 375**	**85,8**

Source : Insee, extractions au 1/12ᵉ des fichiers de paye des agents de l'État, provisoire 2000

Les conventions collectives, sur **www.legifrance.gouv.fr**

Pour connaître les formalités et les procédures des accords : *Négocier dans l'entreprise,* Gérard Vachet, collectif d'auteurs, éditions Francis Lefebvre, 2002

6 PATRON, JE MÉRITE UNE AUGMENTATION

NÉGOCIEZ GAGNANT

Gagner plus... Outre la voie de la négociation collective[1], pour y parvenir, une seule possibilité : la démarche individuelle, à l'embauche ou en cours de carrière. C'est alors le temps de la négociation en face à face, un moment redouté de tous. Mieux vaut donc s'y présenter avec, comme on dit, quelques billes en poche et des techniques de persuasion éprouvées. Mais avant toute chose, il convient de savoir ce que l'on vaut, ce que l'on peut espérer, ce que l'on peut demander. Et pas nécessairement en espèces sonnantes et trébuchantes.

---

1. Voir chapitre 5.

COMBIEN GAGNEREZ-VOUS DEMAIN ?

Tous, nous souhaitons tous gagner plus. Toutes les enquêtes d'opinion, les unes après les autres, le confirment. Ainsi, le dernier baromètre « Mutuelle Mieux-être/Entreprise & Carrières » (réalisé fin 2002) : le principal souhait des salariés concerne l'augmentation des salaires (83 % d'entre eux), devant la promotion de carrière (47 %) et la formation (34 %). La tendance est encore plus forte chez les bas salaires (90 %). Même envie majoritaire chez les cadres qui, selon l'étude Cadroscope de l'Apec (2002), sont 55 % à en faire leur priorité, une proportion qui grimpe à 73 % pour les plus jeunes cadres. Pas de doute ; voilà une préoccupation partagée par l'ensemble des salariés, quel que soit leur statut. On les comprend : *« Le salaire reste une pièce maîtresse de l'ascension sociale,* souligne Chantal Hermond, sociologue. *C'est un socle solide de l'évolution professionnelle. Une hausse de salaire a un caractère définitif, donc sécurisant. Et cet acquis n'est pas remis en question, sauf à vous licencier. »*

Parler de son salaire reste tabou en France. Il est d'ailleurs difficile de savoir ce que les salariés français pensent du leur, même s'ils se disent, en majorité, déçus par son évolution. Une étude l'Insee datée de la fin des années 90 indique que 48 % des femmes et 45,8 % des hommes s'estiment « normalement payés ». Mais aussi qu'ils sont respectivement 41,3 et 42,9 % à juger être « mal payés ». Côté cadres, le Cadroscope Apec nous apprend que seuls 8 % d'entre eux se déclarent « très satisfaits de leur rémunération » et environ 65 %, « plutôt satisfaits ». Cette même étude de l'Apec note que « l'insatisfaction quant au niveau de rémunération, est très nette chez les cadres qui veulent changer d'entreprise ».

Soyons concret : une augmentation de salaire se traduit par un avenant au contrat de travail. Même si, dans les faits, l'inscription noir sur blanc n'y est portée que rarement. On ne confondra donc pas l'augmentation de salaire avec n'importe quelle autre hausse de rémunération : il ne s'agit pas d'une somme qui vient, provisoirement, gonfler votre salaire à l'instar d'une prime ou d'une quelconque gratification. C'est votre salaire de base qui grimpe d'un étage. Mais un étage, c'est relatif. Certains sont séparés de quatre marches, d'autres d'une vingtaine. Il en va de même pour une hausse de salaire. Aussi, lorsque vous pensez salaire et hausse de salaire, devez-vous toujours vous placer dans cette perspective.

Petit calcul, certes assez simpliste : si vous vous basez sur un rythme d'augmentation annuelle de votre salaire de 3 %, vous devrez attendre 23 années et demi pour le doubler ! Mais à 5 % de hausse par an, vous n'attendez plus que 14 années. Plus réaliste, votre formation et votre niveau de diplôme : les études sociologiques indiquent un lien de dépendance entre le niveau de formation et les capacités à accroître son salaire au cours de la vie active, même si, aujourd'hui, nombre de conseillers en rémunération reconnaissent que *« la compétence, surtout lorsqu'elle est rare (métiers nouveaux, pénurie de main d'œuvre) paie davantage que la formation »*. Pour les jeunes, la présence d'un diplôme reste un élément important pour déterminer le salaire. Mais ce n'est pas le seul : *« Le temps joue aussi*, rappelle Jacques Delmas, DRH du groupe Sysinfo. *Un jeune qui a effectué de longues études, a passé du temps sur les bancs d'une école ou d'une faculté. Un temps que d'autres auront mis à profit pour faire grimper leur salaire. Dans ce cas, le surcroît de salaire procuré par le diplôme compense le retard pris, pas plus. En revanche, ce niveau de diplôme joue sur la sécurité de l'emploi et sur la faculté à en retrouver un en cas de chômage. »* Et, plus encore que le diplôme, la catégorie sociale : *« L'écart entre les débutants cadres et les débutants ouvriers qualifiés se creuse au cours des années... Au bout de cinq ans, les débutants cadres gagnent en moyenne 40 à 50 % de plus que des ouvriers qualifiés »* observe l'Insee !

Enfin, le salaire de départ compte pour beaucoup dans cette ascension des étages de la rémunération. En général, le salaire de départ (celui de votre premier job) fixe le plancher de votre rémunération. Vous ne pouvez donc, en toute logique, que progresser. Soyez donc assez ambitieux (mais lucide) et ferme dans la négociation de votre premier salaire : il vaut mieux partir directement du deuxième étage plutôt que du rez-de-chaussée. Dans la majorité des cas, ce départ conditionne la suite de votre carrière. En effet, beaucoup se joue, en termes de salaire, dans les douze premières années de la vie active.

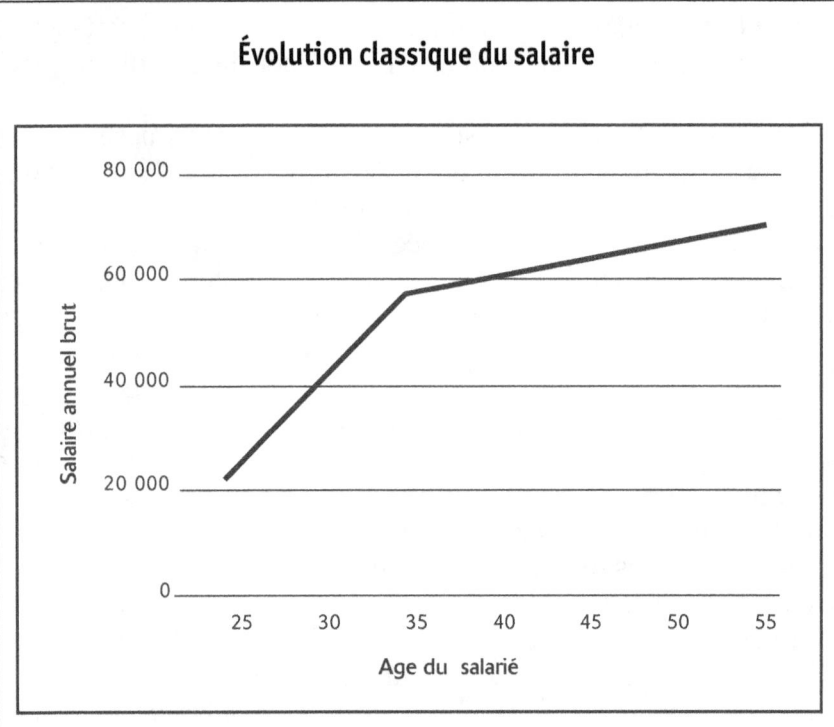

Ce schéma illustre l'évolution générale du salaire – tous salariés confondus – au cours d'une carrière, selon les constats dressés par différents cabinets de conseil en rémunération. On constate que l'envol du salaire se fait dans les douze premières années, entre 25/30 et 35/40 ans (il y a toujours des exceptions qui confirment la règle, heureusement). Résultat, sur une vie de travail, les plus fortes augmentations de salaire sont généralement obtenues les dix premières années, surtout lors de changements de poste.

Plus votre salaire de départ est élevé, plus vous grignoterez aisément des échelons. Si, par exemple, votre premier salaire se situe sous la barre des 1 500 euros, vous prenez le risque de devoir ramer plus fort pour avancer. Comme le confirme Sylvie Le Minez et Sébastien Roux, chargés d'étude à l'Insee : « *En moyenne, les augmentations de salaire sont très importantes en début de carrière. Le salaire moyen des débutants, qui sont toujours en emploi deux ans plus tard, est (en euros constants) supérieur de 24 % environ à leur salaire moyen de début de carrière.* » Ainsi, un jeune embauché à 1 850 euros bruts gagnerait, deux années plus tard, 2 294 euros. Six années après, cette hausse est déjà de 40 % environ. Un bémol : ceux qui ont débuté à temps partiel ont des perspectives de carrière nettement moindres par rapport à celles d'un débutant à temps complet. Or, notent les deux chargés d'études de l'Insee, « *les débutants des cohortes récentes ont plus souvent commencé à temps partiel.* »

Attention, la voie n'est cependant pas toute tracée. Des risques peuvent enrayer voire casser la progression de votre rémunération. Le plus répandu est l'interruption de carrière qui freine l'évolution du salaire. Toujours selon l'Insee, et pour les hommes comme pour les femmes, « *au bout de cinq ans d'expérience, le fait d'avoir passé 10 % de sa carrière en dehors du marché du travail génère une perte de 2 à 3 % sur le salaire par rapport à un individu ayant les mêmes caractéristiques initiales mais n'ayant pas connu d'interruption de carrière* » (sans compter les interruptions de carrière des femmes pour cause de maternité et/ou d'éducation des enfants, qui expliquent une partie des écarts entre les sexes). Ce qui fait dire à Thierry Ornier, DRH : « *Même s'il faut se méfier des moyennes, certains facteurs comme le temps partiel ou le changement d'entreprise non décidé (licenciement), influent fortement sur l'évolution du salaire. Ce sont des données importantes.* » Il faut en avoir conscience. Mais ce n'est pas une raison pour jouer l'immobilisme professionnel.

En revanche, quand il est volontaire, le changement d'entreprise, donc d'emploi, apparaît comme le moyen le plus efficace de faire sérieusement grimper son salaire. Toujours selon le Cadroscope de l'Apec, « 81 % des cadres qui ont changé d'entreprise dans l'année se déclarent satisfaits, dont 14 % de très satisfaits ». Un autre panel d'étude des cadres, le panel Oscar, parvient aux mêmes conclusions : les cadres qui ont changé d'entreprise ces dernières années, ont vu leur salaire augmenter plus fortement que les autres : + 26,9 % sur la période 1997-2001 contre + 9,9 % pour ceux qui n'ont pas quitté leur entreprise. Payante, notamment quand elle est externe, la mobilité au sein de l'entreprise, est toutefois une bonne raison de solliciter une augmentation de salaire. 34 % des cadres ayant changé de fonction au sein de la société se sont jetés à l'eau et ont sollicité une hausse de salaire, selon le Cadroscope Apec. Mais le mouvement ne paie pas uniquement pour les cadres. L'Insee dresse le même constat pour les jeunes diplômés entrés sur le marché du travail. « *Passer par un plus grand nombre d'employeurs a un effet positif sur la rémunération en début de carrière,* constatent Sylvie Le Minez et

Sébastien Roux, chargés d'études à l'Institut. *Cet effet semble même croître au cours du temps. Au bout de cinq ans, être passé par un employeur supplémentaire par année écoulée depuis le premier emploi, donc en changeant chaque année, se traduit par un salaire en moyenne supérieur de 9 %... Tel quel, le changement d'employeur semble très rémunérateur. »* La tendance est forte, même si, bien sûr, on peut toujours faire mentir les statistiques. D'ailleurs, *« les changements d'employeurs peuvent entraîner des changements de situation d'emploi par rapport à la situation initiale, défavorables pour les salaires, par exemple suite à un licenciement économique,* ajoutent les deux spécialistes. *Les emplois retrouvés ne sont pas toujours à la hauteur des espérances des salariés licenciés. »*

Résumons-nous : vous êtes jeune et voulez gagner plus ? Alors soyez mobile, le salaire augmentant au rythme des changements d'entreprise. En revanche, passé un certain âge, la mobilité n'apparaît plus comme le meilleur booster du salaire : *« Au bout de plusieurs années d'activité, avoir eu un trop grand nombre d'employeurs peut être le signe d'une difficulté persistante à s'insérer sur le marché du travail ou à se stabiliser dans la bonne entreprise,* ajoutent Roux et Le Minez. *Les pertes de salaire peuvent même devenir importantes au bout de plusieurs années par rapport à des salariés conservant le bénéfice de l'ancienneté dans leur entreprise. »* En fait, c'est la logique même de l'augmentation de salaire qui a changé en une vingtaine d'années. *« Exit les carrières qui duraient toute une vie dans la même multinationale où chacun évoluait doucement, à pas feutrés, de poste en poste et d'augmentation de salaire en augmentation de salaire »*, écrit Charles-Henri Dumon[1], créateur, en France, du cabinet de recrutement Michael Page. Une approche que confirment l'ensemble des spécialistes ou consultants en rémunération qui soulignent aussi les erreurs d'appréciation commises par les salariés, notamment sur la définition de « ce qu'ils gagnent ». C'est que le temps de la négociation d'un salaire est révolu. Désormais, il faut parler rémunération globale. Enfin, il faudrait : beaucoup de cadres n'en sont pas encore là !

---

1. *In Les sept secrets de ceux qui ne sont jamais au chômage*, Éditions d'organisation.

JE CONNAIS MA VALEUR FINANCIÈRE

Soyons logique : la rémunération (surtout ses variations à la hausse) demeure l'une des principales préoccupations des salariés, ils devraient donc être nombreux à franchir, chaque année, le seuil de son bureau pour demander à leur patron une augmentation de salaire : 27 % en 2001 chez les cadres, nous apprend l'Apec. On les supposait plus nombreux. Ghislaine, commerciale dans un groupe d'édition, fait partie de ces téméraires. Un beau matin de printemps, elle s'est dit *« cette fois, j'y vais »*. Et elle y est allée. Aujourd'hui, Ghislaine regrette amèrement de ne pas avoir préparé son entretien. *« Je suis arrivée comme une fleur, sans vraiment avoir recensé et analysé toutes les raisons que peut avoir un patron de vous donner ou de vous refuser une augmentation de salaire. Quand mon boss m'a dit que l'entreprise traversait de graves difficultés et ne pouvait donc se permettre d'alourdir sa charge salariale, je suis resté bouche bée... »* Dommage. D'une part, Ghislaine a, bien malgré elle, montré à son patron qu'elle ne se tenait pas très informée de la vie de son entreprise. D'autre part, elle aurait pu arguer que, compte tenu de sa bonne contribution à la marche de l'entreprise depuis des années, elle se contenterait d'une prime dans l'attente de jours meilleurs. Une prime qui, vous le savez maintenant, est moins coûteuse (car non récurrente) pour l'employeur et permet à ce dernier de récompenser votre implication.

Eh oui, tout le monde veut gagner plus, mais tout le monde n'y parvient pas à chaque coup. Cela se saurait. Aussi, lorsque vous décidez de frapper à la porte du bureau de votre patron pour tenter de grignoter quelques échelons supplémentaires, devez vous y aller avec « quelques billes en poche » comme on dit. *« Un entretien avec son patron pour une augmentation de salaire, cela se prépare un peu, beaucoup, toujours,* rappelle Jacques Delmas. *Il n'existe pas de méthode infaillible, mais des points de passage obligés. »* Première étape : déterminer votre valeur professionnelle et économique. Autrement dit, savoir combien vous valez réellement. Ce qui revient à décrypter votre « valeur financière » qui est représentée d'une part, par le salaire que vous touchez dans l'entreprise, celui inscrit au bas de votre fiche de paie et, d'autre part, par celui qui est offert pour un poste équivalent sur le marché. Ce deuxième aspect est important car l'une des premières questions que vous posera – ou vous opposera – votre patron est : à combien estimez vous le salaire pour un tel poste ? Inutile de vous préciser que pour ce genre d'exercice, toute improvisation est fatale.

Aussi veillerez-vous à vous informer le plus complètement possible. De quelle manière ? Vous disposez en fait de plusieurs pistes pour connaître les salaires pratiqués sur le marché selon le type de poste que vous recherchez. À commencer par les enquêtes de la presse spécialisée (les magazines *Courrier Cadres*, *Challenges*, *Capital* notamment). Consultez les offres, certaines d'entre elles mentionnent des éléments de rémunération. Vous pouvez bien sûr surfez sur Internet : bon nombre de sites recensent des offres d'emploi et d'autres informations sur les salaires (voir encadré pratique). Enfin, vous pouvez consulter *Le guide de tous les salaires 2003* (éditions Prat). Tout y est... ou presque. Faites également appel à votre réseau professionnel (« combien rémunèrent-ils un comptable chez toi ? », par exemple). N'hésitez pas à questionner certains membres de votre réseau personnel. Ils vous informeront peut-être sur le salaire offert par leur entreprise pour votre type de poste. Tout en menant votre enquête, n'oubliez pas que le « prix » de votre poste n'est qu'une partie de votre « valeur financière totale » s'il est permis de l'appeler ainsi. Est aussi à inclure dans le « prix de votre poste », ce qu'il en coûterait à l'entreprise de se séparer de vous. Les professionnels appellent cela « le coût de remplacement », un coût qui rassemble plusieurs ingrédients comme le coût du recrutement pour vous remplacer, la perte humaine si vous étiez apprécié de vos collègues ou encore les indemnités de licenciement. Autant d'éléments à prendre en compte dans la négociation.

Vous savez maintenant ce que vous valez (le salaire offert pour un poste n'est qu'un indicateur) et, par conséquent, ce à quoi vous pouvez prétendre. Reste à mettre au point et tester votre argumentaire. Pour ce faire, demandez à un ami de jouer les contradicteurs. Georges Eon, ex-consultant au cabinet Hay conseille : *« D'abord, calez votre argumentation : seule une bonne préparation vous donne des chances de succès. Ensuite, apprenez à justifier cette demande d'augmentation. Ce qui signifie aussi : répétez-la en essayant d'être le plus convaincant possible. Enfin, évitez les phrases du type : « j'ai des problèmes* d'argent », *celles qui vous dévalorisent ou vous pénalisent comme :* « je n'ai pas trouvé de travail depuis trois ans » *ou, pire :* « untel a été augmenté, pas moi. »...

Une fois que votre argumentation vous paraît prête à résister à toute contestation, posez vous une ultime, mais fondamentale, question : Au fait, que vais-je négocier ? Une augmentation de salaire ? Mais pourquoi pas autre chose : une formation qualifiante, par exemple ? Car une formation qualifiante, c'est aussi un atout pour gagner plus, à terme. Vous pouvez également négocier des avantages en nature, car il vous revient à la mémoire que la rémunération, ce n'est pas que le salaire... Ne débarquez pas dans le bureau de votre patron sans avoir en tête ces questions, ces alternatives possibles. Votre patron refuse une augmentation ? Tentez la gratification, la prime. Il refuse ? Tentez la formation, etc. Et reportez-vous au chapitre suivant pour obtenir des éléments de réponse sur les avantages que peuvent offrir ces alternatives en comparaison d'une augmentation du salaire de base.

N'ANNONCEZ PAS D'EMBLÉE LA COULEUR DE L'ARGENT

C'est un conseil que vous prodiguera tout commercial, tout fin négociateur : ne commencez jamais une négociation en annonçant d'emblée la couleur... de l'argent face à votre employeur, ou celui qui pourrait le devenir, vous allez d'abord commencer par parler de vous, de votre valeur ajoutée et, enfin, de votre prix. Mais, le moment venu, vous serez concret, affirmatif, persuasif. Toutefois, à la fin de votre entretien, « *n'hésitez pas à questionner l'employeur sur votre rémunération s'il n'en parle pas de lui-même,* soutient Henri Page, spécialiste de la négociation salariale à l'ANPE (Agence nationale pour l'emploi). *Mais faîtes-le toujours en fin d'entretien.* » Il ajoute : « *Vérifiez aussi que vous parlez le même langage que celui de votre interlocuteur. Par exemple, il faut savoir que l'employeur parle généralement de salaire brut mensuel quand il évoque la rémunération qu'il veut vous accorder. Dans ce cas, il est très important de savoir si ce salaire est complété par un treizième mois, des primes ou d'autres avantages. Car ne l'oublions pas, ces éléments impactent, et parfois de manière importante, le montant réel du salaire mensuel. »*

En fait, vous pouvez être amené à négocier un plus sur votre fiche de paie, dans deux situations différentes. Selon qu'il s'agit de l'une ou de l'autre, les consultants en rémunération font la distinction quant aux règles à suivre :

- **Vous négociez pour un nouvel emploi**. L'embauche est le moment le plus propice pour négocier une hausse par rapport à votre salaire précédent. D'autant plus que votre salaire d'embauche n'évoluera pas avant au moins 6 mois. Si votre entretien de recrutement fait suite à une candidature par annonce, vous disposez peut-être d'une première fourchette de négociation. Mais le plus souvent, une négociation de salaire, quand il s'agit d'un nouvel emploi, s'effectue à partir du niveau de salaire dans votre poste précédent. Vous sentez votre interlocuteur rétif à vous proposez plus ? Soyez tenace et convaincant : proposez-lui, par exemple, de vous augmenter à la fin de votre période d'essai, ce qui est un signe de motivation certain. Pour faire pencher la balance de votre côté, vous allez devoir mettre en avant les objectifs atteints dans votre précédent emploi et/ou une compétence particulièrement recherchée – donc attractive – par votre interlocuteur. D'une manière générale, *« demandez au moins 15 à 20 % de plus que votre ancien salaire,* conseille un DRH. *Mais n'y revenez qu'à la fin de l'entretien. Si à l'issue de ce dernier, le recruteur vous informe que vous êtes choisi, votre pouvoir de négociation du salaire est alors maximal. »* Si, pour plus de précision, votre interlocuteur vous demande « combien ? », répondez par une autre question : « quel est votre budget pour ce poste ? ». Et s'il insiste, indiquez une fourchette, jamais un montant précis.
- **Vous négociez dans votre entreprise :** Cette fois, vous poursuivez un objectif précis : gagner plus. L'évaluation par votre chef de service ou votre employeur est aussi une occasion d'évoquer votre salaire. Allez au rendez-vous en ayant une idée très précise de ce que vous allez demander : 5 % d'augmentation du salaire brut... 200 euros nets par mois en plus... Une voiture société avec une valeur catalogue de plus de 15 000 euros... vos alternatives aussi sont claires. Durant

la négociation, vous serez déterminé mais pas catégorique, ce qui vous mènerait sûrement au bout d'une impasse. Vous éviterez également le chantage (« si vous ne m'augmentez pas je pars ». Ce à quoi vous pouvez vous entendre répondre : « eh bien partez » !) et l'humour déplacé (votre augmentation refusée vous vous écriez : « Bon, je vais annoncer aux autres la bonne nouvelle ! »). Enfin, vous ne perdrez pas de vue qu'il est *« impératif de jauger l'évolution de son salaire sur la durée et non sur un coup, aussi gros fût-il »*, rappelle Jacques Delmas.

Voici deux situations de négociation parmi les plus fréquentes. Mais il existe bien sûr autant de cas qu'il y a de salariés. Quel que soit celui dans lequel vous allez bientôt négocier, découvrez la technique dite de « l'écho », une petite astuce bien utile. *« Il s'agit de mettre l'employeur dans l'embarras tout en respectant, bien sûr, les règles de bienséance*, explique Georges Eon. *De quelle manière ? Votre interlocuteur vous a annoncé le montant du salaire qu'il vous propose. Vous n'êtes pas satisfait. Reformulez ce montant, puis gardez le silence pendant une dizaine de secondes. Vous allez probablement amener votre interlocuteur à vous en dire plus et, peut-être, à réouvrir la négociation sur une fourchette plus large pour enfin réviser cette proposition à la hausse. »* Autre petit truc de « pro », munissez-vous d'un carnet et prenez des notes pendant que votre interlocuteur s'exprime. C'est une marque d'attention qui flatte. Et qui vous donne du crédit pour attaquer ferme, mais calme, la « négo ». Ne vous en privez pas !

C'est bien connu, on prévoit toujours tout sauf... l'imprévu. Dans une négociation salariale, l'imprévu, ce sont les questions de votre interlocuteur. Pour réduire cette part de non prévisible, vous pouvez anticiper certaines d'entre elles. *« On rencontre en général quatre questions délicates à renverser en sa faveur*, témoigne le consultant Georges Eon. *La première peut vous être posée lorsque vous changez d'entreprise et venez chez ce nouvel employeur. Ce dernier, pouvant douter de votre fidélité, vous lance :* « quittez-vous votre employeur pour des raisons financières ? ». *Vous répondez que non. Que vous souhaitez ce poste car il offre davantage de responsabilités dans un environnement motivant... et vous n'abordez l'aspect financier qu'en dernière phase de l'entretien »*. Seconde question : votre interlocuteur vous demande tout simplement « quel est votre salaire actuel ? ». Vous pouvez répondre de trois manières : la franchise, le bluff (lourd de conséquences si vous êtes pris à défaut), le détournement (du type « je change de travail pour gagner plus ») en ajoutant, par exemple : ce qui importe au final, c'est le salaire brut et les avantages associés.

Troisième question : votre employeur glisse sur le terrain de la vie privée et vous lance : « de combien d'argent avez-vous besoin pour vivre ? ». Ne le suivez pas. Répondez simplement : « pourquoi me posez-vous cette question ? » sans vous laisser déstabiliser. Le quatrième et dernier type de question concerne davantage les salariés dits « expérimentés », c'est-à-dire ceux qui ont derrière eux, de nombreuses années d'activité. Pour ceux-là, le risque est alors de s'entendre dire : « Votre salaire n'est pas très élevé pour quelqu'un de votre expérience, comment l'expliquez-vous ? ». *« Invoquez la part variable – importante –, non payée en salaire fixe, de votre ancien emploi,* propose Georges Eon. *Ce peut être, le cas échéant, une explication plausible de la faiblesse de votre salaire. Une manière de dire que vous n'étiez pas sous-payé. »*

Anticiper les questions et préparer des réponses vous donnera confiance, sans rien enlever à votre spontanéité. Mais il se peut aussi que votre interlocuteur ne s'embarrasse pas de précautions orales et vous assène quelques affirmations du type : « vous en demandez trop d'un coup » ou « vos collègues sont moins gourmands que vous ». Il vous reste alors à trouver des éléments de réponse dans votre apport personnel à l'entreprise (résultats, initiatives, management, etc.). Enfin, si l'on vous dit qu'une telle augmentation n'est pas possible pour des raison d'homogénéité dans le groupe, rétorquez qu'aujourd'hui, il vous semble que la performance individuelle doit être de plus en plus prise en compte dans la politique salariale, même si vous approuvez une certaine équité des salaires.

Gagné ? Vous avez obtenu le salaire ou l'augmentation souhaités. Bravo. Au fait, faut-il consigner le tout pas écrit ? Certains DRH préconisent d'insister pour avoir une confirmation écrite de l'accord. Avec une trace écrite, vous évitez toute contestation future. Mais vous risquez aussi de froisser votre interlocuteur inutilement. Plus habile est sans doute d'envoyer un petit mot de confirmation de la discussion que vous avez eue. *« Dans ce cas précis, il appartient d'agir en fonction de ses relations professionnelles, de faire pour le mieux »,* conclut le DRH Jacques Delmas. La situation est différente si vous n'avez pas obtenu gain de cause : ne considérez pas ce refus comme un « non » définitif. Soyez constructif, proposez une solution de rechange : avantages en nature, formation, voire des vacances. Eh oui, des vacances. Le temps c'est de l'argent, non ?

SURF

Évaluez votre salaire sur le Net

Voici onze sites à parcourir pour évaluer les salaires du marché en consultant les offres d'emploi proposées.

www.apec.fr
www.afij.org
www.anpe.fr
www.emailjob.com
www.cadremploi.fr
www.cadresonline.com
www.careerpath.com
www.cybersearch.fr
www.jobpilot.fr
www.monster.fr
www.stepstone.fr

TOUJOURS PLUS !

6 raisons de demander une augmentation de salaire à son employeur

1. Votre poste et vos responsabilités ont beaucoup évolué, il est temps de revoir votre salaire qui lui, n'a pas suivi.
2. Votre charge de travail ne cesse d'augmenter, notamment depuis le départ d'un collègue. Vous demandez compensation.
3. Vous n'avez pas été augmenté depuis trois ans. Outre le fait que votre pouvoir d'achat ne cesse de diminuer, vous trouvez que vos initiatives et vos résultats ne sont pas sanctionnés.
4. Le marché propose beaucoup plus pour un poste de responsabilité similaire (attention tout de même à pouvoir démontrer ce que vous affirmez).
5. Vous contribuez aux bénéfices de l'entreprise et ne recevez aucune rémunération variable indexée sur ces résultats.
6. Vous avez une promotion interne, ce qui fait économiser à l'entreprise un coût de recrutement et d'adaptation d'un nouveau salarié.

RÉVISION

Peut-on réviser mon salaire à la baisse ?

Non, sauf si accord du salarié. Dans le cas contraire, vous seriez en droit de refuser, votre employeur devant dans ce cas vous licencier avec indemnités. La Cour de Cassation a clairement établi que la modification de la rémunération à la baisse entraîne *de facto* une modification du contrat de travail. L'employeur doit donc obligatoirement obtenir votre accord. Vous êtes en droit de décliner sa demande. Par ailleurs, si votre employeur envisage cette fois de modifier la structure de votre rémunération sans votre accord, vous pourriez lui opposer l'arrêt de la Cour de Cassation du 28 janvier 1998, qui stipule que « le mode de rémunération d'un salarié constitue un élément du contrat de travail qui ne peut être modifié sans son accord, peu importe que l'employeur prétende que le nouveau mode serait plus avantageux ». Dans tous les cas, toucher à votre salaire (ou rémunération) nécessite votre accord formel.

NÉGOCIATION

Savoir négocier sa clause de non-concurrence

Votre employeur y tient : il veut intégrer à votre contrat de travail une clause de non-concurrence. Cette clause vise à vous empêcher d'aller travailler dans une entreprise directement concurrente, par exemple, durant les six mois qui suivent votre départ. Votre employeur est dans son droit. Sauf qu'une clause de non-concurrence doit désormais obligatoirement être assortie d'une contrepartie financière, comme l'a précisé un arrêt de la Cour de Cassation du 10 juillet 2002. Cette contrepartie financière devra être inscrite dans le contrat de travail. Il faut donc, en cas d'existence d'une telle clause, âprement négocier ce montant dès le départ, à l'embauche. À noter qu'une telle clause pour être justifiée, doit être « indispensable à la protection des intérêts légitimes de l'entreprise » et « limitée dans le temps et l'espace ».

INDEMNITÉS

Votre employeur vous licencie, à quoi pouvez-vous prétendre ?

Quelle que soit la cause du licenciement, votre employeur doit vous verser une indemnité compensatrice de congés payés (égale à ce qu'il vous aurait versé si vous aviez pris vos congés). En sus, il vous doit une rémunération pendant la période de préavis, que vous l'exécutiez ou pas. Seule une faute grave de la part du salarié peut remettre en cause le versement de ces indemnités dites compensatrices. Ensuite, il vous doit une indemnité de licenciement (si vous avez au moins deux ans d'ancienneté) calculée selon l'article R 122-1 du Code du travail. Enfin, dans les cas où l'employeur a résilié le contrat sans cause réelle, il peut être amené à verser une indemnité pour rupture abusive du contrat de travail, indemnité équivalent au moins aux salaires des six derniers mois. Reste le cas où le salarié estime et prouve qu'il a subi un préjudice moral lors du licenciement, l'employeur doit alors lui verser des dommages et intérêts.

Mon premier salaire !

« Fin 1973. Mon premier salaire. Je me souviens, j'ai acheté une cartouche de cigarettes pour mon père. Ce devint une habitude : à chaque salaire, une cartouche pour papa. Quelques mois plus tard, je lui dis que j'allais être « employé » et que j'allais avoir besoin d'une montre pour pouvoir gérer mon temps afin de ne pas le perdre. Entendant cela, mon père détacha de son poignet la montre en or qu'il portait et me la donna. Ce fut un jour mémorable. Quelques mois après, mon père cessa de fumer... » On se souvient tous de son premier salaire. Et chacun a son histoire. Comme le chante Hugues Aufray dans la « ville que j'aimais tant » : « je n'étais pas peu fier le jour de mon premier salaire »... Quel qu'en soit le montant, un premier salaire laisse l'empreinte d'un premier pas.

Mais comment négocier ce premier salaire ? Comment -et combien- se faire « acheter » lorsqu'on est jeune diplômé, qu'on connaît l'entreprise qu'au travers des stages que l'on a effectués, que l'on n'est pas bardé de diplômes achetés fort chers par les plus grandes entreprises ? Que dire, que conseiller à ce jeune universitaire qui cherche à savoir combien il va demander s'il est convoqué à un entretien pour son premier job ? *« Inutile de l'abreuver de conseils,* explique Roger Biller, associé au cabinet Consulting. *Il faut juste lui donner quelques grands axes pour lui permettre de négocier au mieux, si tant est qu'il puisse négocier. Le salaire d'un premier emploi se détermine pour l'essentiel en fonction de connaissances professionnelles qui ont été validées par un diplôme d'une part, une pratique ou des stages d'autre part, sachant qu'un stage de six mois équivaut à une première expérience professionnelle. Pas de mystère donc : un jeune sans qualification risque bien souvent de démarrer avec un salaire très proche du SMIC. Pour un jeune diplômé, son niveau de formation va lui permettre de viser plus haut. »* ce premier salaire sera également fonction des barèmes définis par la convention collective de la branche professionnelle à laquelle appartient l'entreprise qui recrute. Mais le jeune diplômé ne doit pas s'y limiter : la pratique de langues étrangères, notamment s'il a effectué des séjours à l'étranger, de solides références informatiques, pèsent désormais relativement lourd dans la balance.

Il faut que ce jeune sache également que, dans le cadre d'un entretien d'embauche, la question de la rémunération est abordée en dernier lieu. Que répondre à la question « combien ? ».Tout le problème des jeunes diplômés fraîchement débarqués sur le marché du travail est qu'ils ignorent ce qu'ils valent vraiment et surtout ce qu'ils peuvent espérer gagner. Leur vision est floue. Mais le conseil que l'on peut leur donner est celui que l'on prodigue à leurs aînés : consultez les petites annonces, notamment sur Internet (voir la liste). *« Sachez aussi,* poursuit Roger Billet, *que les recruteurs apprécient souvent qu'un jeune soit déterminé dans la négociation de son salaire. ».* Le jeune diplômé peut aussi questionner le recruteur : les entreprises donnent parfois un coup de pouce au salaire dès la fin de la période d'essai et, plus généralement, dans les six mois ou l'année qui suit le recrutement. L'idéal, pour y voir clair, est de négocier le montant du salaire sur une base nette, autrement dit ce qui reste dans la poche, « une fois qu'on a tout retiré »... Les jeunes auront bien le temps par la suite de mesurer le poids des taxes qui pèsent sur leur salaire brut. Et de découvrir les mille et une manière de le faire progresser.

Le guide du salarié, Pauline Perrin-Jeol, éditions du Marabout, 2003
Le guide de tous les salaires, Prat éditions, 2003
Réussir votre négociation de salaire, Gilles Payet, First Editions, 2000

7 CHOISIR LA BONNE RÉMUNÉRATION

QUAND LES FORMULES DE RÉMUNÉRATION SE MULTIPLIENT

Une fois dans ma poche, combien font 1000 euros bruts ? Comment choisir entre la prime immédiate ou l'avantage différé ? Et avec mon PEE, puis-je espérer des gains importants ? Ces questions, parmi d'autres, montrent bien la difficulté de faire le tri parmi tous les éléments qui composent le paquet salarial... Dès lors, quand votre employeur, qui souhaite augmenter votre rémunération, vous fait une offre, comment choisir ? Rassurez-vous, un peu de bons sens et une calculette, suffisent. Vous éviterez ainsi de rentrer bredouille la prochaine fois que votre employeur vous « parlera » augmentation de salaire, au sens (désormais) large du terme !

MA RÉMUNÉRATION D'UN POINT DE VUE FINANCIER

Nous sommes tous d'accord : il faut savoir gérer sa carrière. Et donc, continuer de travailler et de se « vendre » pour gagner plus. Seulement voilà, dès qu'il s'agit d'évoquer notre rémunération, nous sommes tous embarrassés. D'une part parler salaire reste toujours un peu tabou. D'autre part, et nous venons de le voir, rares sont ceux d'entre nous qui sont capables d'estimer le montant exact de leur rémunération. Comment savoir alors si la proposition de hausse de ma rémunération que me fait mon employeur est vraiment intéressante ou, au contraire, si « je ne me fais pas avoir » ? Jean-Luc, ex-responsable des ventes dans un grand magasin de sport de la banlieue parisienne, se souvient : *« Un jour de l'automne 2002, mon patron nous a proposé au choix : une prime alléchante mais exceptionnelle de 3 000 euros bruts ou un abondement du même montant, versé dans le PEE* (Plan épargne entreprise). *Nous étions favorables à la prime pour son caractère immédiat, moi le premier, et avons donc opté pour cette solution. Mais avec le recul, je sais qu'il aurait été bien plus intéressant de faire le choix inverse. »* « Intéressant » signifiant ici « plus rémunérateur ». En effet, 3 000 euros de prime ne valent pas 3 000 euros versés par l'employeur dans un PEE. Car, on l'a vu, les charges salariales et sociales sont passées par là.

Une hausse de salaire, même temporaire, *via* une prime sans lendemain, c'est du plaisir immédiat et donc, tentant. Bien malin celui qui ne se laissera pas prendre au jeu. Quant à se demander si une augmentation de salaire brut est vraiment satisfaisante... *« On oublie souvent – notamment dans l'euphorie de la négociation – qu'il faudra en défalquer les multiples charges salariales, soit environ 20 à 25 %,* rappelle Jacques Paillard, fiscaliste auprès des entreprises. *Et y ajouter les probables impôts supplémentaires à payer par la suite : impôt sur le revenu augmenté, éventuelles pertes d'avantages ou d'aides sociales liées à l'augmentation de votre revenu imposable... Chacun fera ses comptes. »* Justement, faisons les comptes : quel est alors l'avantage net d'une augmentation de salaire brut ? Souvent décevant, en regard du montant brut annoncé. Dès lors, vous avez peut-être tout à gagner à jouer sur les avantages annexes, quand votre entreprise en a mis en place. Ces avantages sont plus rémunérateurs car moins taxés. Mais les « choses » ne sont pas si simples...

En matière de rémunération, nous le savons, il n'y a pas que le salaire qui compte. Malgré tout, les Français restent très attachés, à ce salaire de base. C'est lui qu'ils veulent voir augmenter en priorité. Même si ce n'est pas toujours le meilleur choix d'un point de vue financier (il existe d'autres approches de la rémunération que le regard financier, mais il mérite d'être exposé). En effet, il semble bien, au vu des différentes études (Insee, cabinets de conseil en rémunération), qu'encore beaucoup de salariés ignorent qu'en matière de rémunération, tout ne se vaut pas. Pour le salarié, comme pour... l'employeur. *« La première erreur, souvent commise par les salariés, est de ne pas inclure le poids des charges qui pèsent sur l'employeur lorsqu'il procède à une augmentation de leur salaire,* souligne justement Edmond B., qui dirige une entreprise de transport comptant 25 salariés dans l'Oise. *Ces charges viennent pourtant renchérir le coût de la rémunération d'environ 50 % quand il s'agit d'un élément de salaire immédiat. C'est loin d'être neutre. »* Exemple : un employeur dispose, pour simplifier, d'une enveloppe de 100 euros. Il souhaite vous rétribuer. Trois possibilités s'ouvrent à lui. La première : il vous donne 100 euros en salaire supplémentaire. Dans ce cas, une fois les charges patronales puis salariales payées, seuls 43 euros arriveront dans votre poche ! Deuxième possibilité : il verse ces 100 euros sous forme de prime d'intéressement (dans l'hypothèse qu'un accord d'intéressement a été conclu dans l'entreprise). Cette fois, après déduction des charges, ce sont 77 euros qui viennent lester votre poche. Enfin, cet employeur peut choisir de verser cette prime sous forme d'abondement dans le PEE (sous réserve, là encore, qu'il en existe un dans l'entreprise). Il est alors exonéré de charges sociales. Et de votre côté, vous ne paierez que la CSG (Contribution sociale généralisée) et la CRDS (Contribution au remboursement de la dette sociale). Cette troisième hypothèse est la plus satisfaisante : vous disposerez, *in fine*, de 92 euros... certes bloqués pendant cinq années dans le PEE. Mais rassurez-vous, il existe beaucoup de cas de déblocage de cet argent avant cette date (se reporter au chapitre 3 pour les connaître).

Ainsi présenté, chacun comprend que l'épargne salariale, c'est tout « bénéf », comme on dit ! Mais là encore, gare aux illusions :

les contreparties de l'épargne sont nombreuses. Tout d'abord, elle est variable et aléatoire, contrairement au salaire qui est fixe et garanti. *« L'épargne salariale est un système de rémunération complémentaire qui dépend de la bonne santé de l'entreprise,* ajoute Roland Giraud, conseiller financier indépendant. *Par ailleurs, les sommes épargnées devant rester bloquées durant cinq ans, une personne qui perçoit un salaire faible préférera, sans doute, percevoir un complément immédiat. »*

Ensuite, c'est au salarié d'en faire un bon usage. Une fois versé dans le PEE, l'argent (le montant de la participation par exemple) est investi dans des fonds financiers (techniquement des FCPE ; fonds communs de placement) gérés par des sociétés de gestion d'épargne salariale et qui rapportent un intérêt annuel. Mais ils sont plus ou moins risqués. Le salarié est alors aux commandes de sa rémunération différée, puisqu'il va dicter à la société de gestion le risque financier qu'il souhaite prendre. Exemple : si le salarié investit sa participation dans le PEE *via* un fonds qui comprend une majorité d'actions, il multiplie, certes, ses perspectives de gains, mais il ne maîtrise ni le risque ni la date de sortie. Imaginons que dans 5 ans, ce salarié ait besoin de cet argent pour un achat immobilier. Et qu'à ce moment-là, comme en 2003, les marchés financiers soient dans une mauvaise passe, il serait alors contraint de récupérer ses fonds en moins-values.

Enfin, et il ne faut pas sous-estimer ce point généralement passé sous silence : quand, par exemple, vous touchez un abondement de l'employeur ou que vous mettez votre participation ou votre intéressement dans le PEE, vous ne payez pas de cotisations sociales sur cette somme d'argent. Résultat, vous ne cotisez pas aux régimes de retraite et ne glanez pas de points supplémentaires pour le calcul de votre pension de retraite. En somme, c'est moins de charges à payer, mais aussi moins de droits à la retraite... la question se pose alors de savoir si, pour le salarié, une augmentation de salaire « traditionnelle » ne serait pas plus... avantageuse qu'un revenu différé, notamment dans la perspective de la préparation de sa retraite. Ce n'est pas tout : vous ne cotisez pas non plus au chômage, ce qui sera pénalisant si vous perdiez votre emploi. Enfin, plus globalement, il faut aussi savoir que la réduction de la masse de salaire soumise à la Sécurité sociale, compte tenu du développement de l'épargne salariale, combinée à une réduction des cotisations patronales, diminue *de facto* les ressources de la Sécurité sociale. Or celle-ci redistribue aux travailleurs une forme de rémunération différée puisqu'elle verse des prestations (en cas de maladie, de perte d'emploi, de retraite, etc.). Un « détail » que l'on a aussi tendance à oublier.

Bref, le choix entre les différentes pièces du puzzle « rémunération » est quasi cornélien. Le mieux est encore de pouvoir combiner les différentes solutions. *« Il ne faut surtout pas considérer les dispositifs d'intéressement, participation et autres, comme des concurrents du salaire,* poursuit Roland Giraud. *C'est une mauvaise approche. N'oublions pas que la loi est, à ce propos, sans équivoque, en rappelant que ces éléments ne peuvent se substituer au salaire. En somme, une rémunération doit toujours s'apprécier de façon globale : la rémunération fixe plus les compléments du salaire. »* Les spécialistes de la rémunération ajouteront ce conseil : ayez toujours le souci d'équilibrer les différentes formes de rémunération. Mais le salaire doit rester le pivot de votre rémunération. *« Un salaire, c'est contractuel,* insiste Manuèle Pennera, associé au cabinet Karente, spécialisé dans l'épargne retraite en entreprise. *Tout le reste, en revanche, n'est pas garanti. Et donc, plus fragile. Mais employeur et salarié y trouvent leur intérêt. »* À chacun alors, selon sa situation personnelle et son âge, de bien orienter se rémunération.

Cette approche strictement financière de la rémunération est cependant réductrice. Et elle n'est pas la priorité de tous : vous préférerez peut-être à une augmentation en argent, une augmentation en... temps de vacances, de RTT... (« le temps c'est de l'argent »). Ou la possibilité de suivre une formation qualifiante. La hausse de salaire, ou plus encore la prime, ne sont qu'une vision à court terme et financière. *« Dans certains cas, il est bien plus intéressant de négocier du temps, une formation qualifiante, un statut de cadre ou encore un changement de service plutôt qu'une rémunération financière immédiate,* rappelle un DRH. *Il faut savoir mettre tous ces éléments en perspective. Prenons le cas d'une formation de qualité, en général très coûteuse, financée par votre employeur. Elle va accroître vos compétences et par conséquent votre valeur sur le marché du travail. C'est donc un excellent moyen de gagner plus... plus tard. »*

Bref, il y a la valeur des choses et celle que vous êtes prêt à leur accorder compte tenu de vos priorités. Votre objectif est de pouvoir effectuer des choix en connaissance de cause et de répondre à votre interlocuteur quand il « parle » rémunération. Ainsi, lors d'une embauche, quand ce dernier exprime votre salaire en valeur annuelle, ne vous laissez pas influencer par l'évocation d'un 13ᵉ mois. En effet, le 13ᵉ mois n'est pas, dans ce cas, un avantage pour vous mais pour la trésorerie de l'employeur. Vous ne gagnerez rien de plus. Attention aussi aux faux frais ! Un employeur sait qu'en vous remboursant chaque mois un forfait de frais relativement élevé, et supérieur dans tous les cas, à vos factures réelles, il compense un salaire inférieur à la moyenne. Pour vous, pas de changement... sauf que cela peut être remis en cause par l'URSSAF. Soyez-en conscient.

Quelle leçon retenir ? Qu'il faut être, au minimum, assez vigilant pour ne pas s'engouffrer dans des voies sans issue. En matière de rémunération, on appelle cela se passer « des menottes d'argent ». Car, si les formules de rémunération globale peuvent séduire, ont le vent en poupe et gagnent, peu à peu, la politique salariale des entreprises, il faut cependant rester attentif à leur contenu : mal ficelés, certains éléments du package salarial sont sans efficacité. Exemple : il existe des accords d'intéressement mal conçus. *« L'intéressement est un bel outil de rémunération puisqu'il n'est pas, contrairement à la participation, conditionné par la réalisation de bénéfices,* rappelle Roland Giraud. *Mais quand les conditions d'intéressement sont trop strictes ou trop nombreuses, la partie devient difficilement gagnable pour le salarié. »* Selon une enquête menée par l'observatoire d'épargne salariale Novacy, un tiers des entreprises utilisent trois critères (les critères liés aux résultats économiques[1] sont prédominants) ou plus pour le calcul de la prime d'intéressement. C'est trop, note l'observatoire qui estime que *« l'utilisation d'un trop grand nombre de critères rend le calcul de l'intéressement complexe et opaque pour le salarié »*. Autre information : une majorité d'entreprises calcule la prime d'intéressement en prenant pour base la masse salariale, sur laquelle est appliquée un taux indiqué dans l'accord. Mais d'autres (près de 30 %), regrette l'observatoire, usent de *« formules de calcul maison »* trop complexes pour

---

1. Parmi ces critères, on trouve le résultat d'exploitation dans 18 % des cas, le résultat courant avant impôt (14 %), l'évolution du chiffre d'affaires (10 %) ou encore le résultat net (5 %).

le salarié et difficiles à appréhender lors d'une embauche. Il faut donc être vigilant. À l'embauche ou en cours de carrière, vous devez absolument comprendre les ressorts d'un plan d'intéressement que l'on vous propose. Sinon, gare aux désillusions !

Second exemple de ces « menottes d'argent » : les primes et autres bonus basés sur des résultats de l'entreprise, quand, justement, l'entreprise affiche des résultats peu reluisants. Dans ce cas, vous devrez vous attendre à une baisse de la part variable de votre rémunération puisque les dits-résultats ne sont pas assez bons pour donner lieu à gratification. Vous veillerez donc, par sécurité, à étudier la manière dont chaque prime ou chaque bonus dépend ou non de la bonne santé de la société. Ne vous faîtes pas menotter !

LE JACK-POT DE L'ÉPARGNE SALARIALE

On lui prête désormais toutes les qualités. Selon les professionnels de la finance, l'épargne salariale est aujourd'hui – et de loin – le meilleur outil pour booster, dans le temps, sa rémunération. *« Voilà pourquoi il est crucial, lors d'une embauche, de préférer des entreprises qui ont mis en place ces outils, notamment l'indispensable PEE* (déclinable sous d'autres sigles comme le PEI, Plan d'épargne inter-entreprises) *pour y déposer la participation ou l'intéressement et en faire une rémunération différée qui sera défiscalisée,* appuie Edouard Gestin, consultant indépendant. *C'est un critère de choix essentiel. »*

Le match prime / intéressement / abondement			
	Prime exceptionnelle de 1 000 €	Intéressement de 1 000 € perçu par le salarié	Abondement (ou intéressement) versé dans le PEE de 1 000 €
Charges patronales	500 €	0	0
Coût pour l'entreprise	1 500 €	1 000 €	1 000 €
Versement brut au salarié	1 000 €	1 000 €	1 000 €
Charges salariales	250 €	0	0
CSG/CRDS	76 €	76 €	76 €
Impôt sur le revenu (taux 29,14 %)	160 €	215 €	0
Montant net touché par le salarié	514 €	709 €	924 €

Résultats du match : la victoire va sans conteste à l'abondement versé dans le PEE en tant qu'outil le plus rémunérateur. 1 000 euros versés par l'employeur dans le PEE vous apporte 924 euros net d'impôts, alors que la prime vous rapporte dans la poche 80 % de moins, soit 514 euros. L'intéressement s'intercale entre les deux. Mais le salarié a aussi la possibilité de le déposer dans le PEE, ce qui dans ce cas lui évite de payer l'impôt sur le revenu.

C'est indiscutable : de par ses exonérations de charges, l'épargne salariale investie dans le PEE donne du tonus à votre revenu global, même si vous n'en récoltez les fruits que plusieurs années après. On pourrait multiplier les cas en ajoutant le coût pour l'employeur. Prenons l'exemple suivant : un employeur dispose de 2 300 euros pour « augmenter » son salarié. Il les lui verse sous forme d'augmentation de salaire, il lui en coûte alors 767 euros de charges patronales. On retranche ensuite 307 euros de charges salariales, 117 euros de CSG/CRDS... et ensuite 233 euros d'impôt sur le revenu. Au final, le salarié dispose de 877 euros dans la poche. Mais dans le cas ou l'employeur verse cette prime (abondement) sur son PEE, le salarié gagne réellement 2 125 euros (2 300 - 175 euros de CSG/CRDS). Bref, *« grâce aux exonérations de charges, l'effort financier d'un employeur vis-à-vis de ses salariés est plus rentable sous forme de versement sur un PEE que sous forme d'augmentation de salaire »,* confirme Manuèle Pennera. En somme, l'épargne salariale est un complément de revenu très efficace.

Mais c'est aussi un placement financier puisque votre argent va fructifier. Qui dit abondement de l'employeur induit un effort d'épargne du salarié. On rappelle en effet que pour profiter de l'abondement, il faut avoir effectué des versements volontaires ou avoir affecté son intéressement dans le PEE. Les gains enregistrés (mais aussi les pertes) dans un PEE (ainsi que l'abondement de l'employeur) peuvent ainsi être remis en cause par l'état des marchés financiers (actions, obligations). Sauf que l'épargne salariale est flexible : à vous de choisir dans l'orientation de votre argent entre placement sécurisé ou risqué.

Quand le PEE fait des petits...					
Année de versement	Versement volontaire du salarié	Abondement de l'employeur	Plus-Values (hypothèse de rentabilité de 6 %/an)	Total acquis	Date de disponibilité de l'argent acquis (1)
2003	767 €	2 125,2 €	173,5 €	3 065,8 €	2005
2004	767 €	2 125,2 €	357,5 €	6315,4 €	2006
2005	767 €	2 125,2 €	552,5 €	9 760,1 €	2007
2006	767 €	2 125,2 €	759,1 €	13 411,4 €	2008
2007	767 €	2 125,2 €	978,2 €	17 281,8 €	2009
2008	767 €	2 125,2 €	1 210,4 €	2 1384,4 €	2010
2009	767 €	2 125,2 €	1 466,6 €	25 733,3 €	2011
2010	767 €	2 125,2 €	1 717,5 €	30 342,9 €	2012
2011	767 €	2 125,2 €	1 994,1 €	35 229,3 €	2013
2012	767 €	2 125,2 €	2 287,3 €	40 408,8 €	2014
2013	767 €	2 125,2 €	2 598,1 €	45 899,1 €	2015
2014	767 €	2 125,2 €	2 927,5 €	51 718,7 €	2016
2015	767 €	2 125,2 €	3 276,7 €	57 887,6 €	2017
2016	767 €	2 125,2 €	3 646,8 €	64 426,6 €	2018
2017	767 €	2 125,2 €	4 039,1 €	71 357,9 €	2019
2018	767 €	2 125,2 €	4 455,1 €	78 705,1 €	2020

Source : Novacy

(1) sauf cas de déblocages anticipés

L'abondement augmente donc de manière exponentielle votre potentiel d'épargne. Il en devient le moteur. En 16 années – dans cet exemple ci-dessus – le salarié a versé 12 272 euros seulement et se retrouve à la tête de 78 705 euros grâce à l'abondement de l'employeur et la revalorisation de son épargne. Certes, l'hypothèse concernant le versement de l'abondement par l'employeur est ici au plafond légal, à 2 300 euros (desquels sont retranchés des frais sur PEE). Mais il est clairement démontré que le PEE est un remarquable outil de placement, réceptacle idéal des formules de rémunération différée : à la sortie, la somme est défiscalisée, les intérêts glanés au fil des années ne sont pas soumis à l'impôt (seuls 10 % de prélèvements sociaux sont acquittés, une facture commune à tous les types de placements financiers).

DIMINUER LA PRESSION FISCALE

Le chapitre fiscal devrait, à lui seul, occuper une large place dans cette analyse de la « rémunération ». Car, choisir entre différents éléments de rémunération dépend, pour partie, des conditions fiscales de traitement du revenu. Pour commencer, considérons une simple augmentation du salaire brut. Eh bien, pour l'apprécier, vous devrez toujours vous poser cette question : combien réellement va me rapporter cette augmentation ? Car, ne l'oubliez pas, qui dit augmentation de salaire dit également augmentation d'impôts ! Pour vous guider dans cette appréciation, appuyez vous sur des exemples précis (les trois situations ci-après concernent un salarié du secteur privé). Quel est le net perçu ?

Quelle augmentation, quel impôt ?

Vous êtes célibataire et sans enfant...					
Vous gagnez X euros bruts par an...	Votre patron vous augmente, vous allez maintenant gagner...	Soit un gain brut annuel de...	Mais un gain net annuel de...	Et des impôts supplémentaires de...	Soit un gain net au final de :
22 000	23 000	**1 000**	770	**87**	**683**
22 000	24 000	**2 000**	1 540	**174**	**1 366**
22 000	25 000	**3 000**	2 310	**260**	**2 050**

Vous êtes marié avec deux enfants, votre conjoint gagne 25 000 € bruts/an...					
Vous gagnez X euros bruts par an...	Votre patron vous augmente, vous allez maintenant gagner...	Soit un gain brut annuel de...	Mais un gain net annuel de...	Et des impôts supplémentaires de...	Soit un gain net au final de :
29 250	31 200	**1 950**	1 501,5	60	**1 441,5**
29 250	33 000	**3 750**	2 887,5	208	**2 679,5**
29 250	35 000	**5 750**	4 427,5	381	**4 046,5**

Vous êtes marié avec deux enfants, votre conjoint gagne 30 000 € bruts/an...					
Vous gagnez X euros bruts par an...	Votre patron vous augmente, vous allez maintenant gagner...	Soit un gain brut annuel de...	Mais un gain net annuel de...	Et des impôts supplémentaires de...	Soit un gain net au final de :
37 000	40 000	**3 000**	2 310	260	**2 050**
37 000	43 000	**6 000**	4 620	520	**4 100**
37 000	46 000	**9 000**	6 930	780	**6 150**

Comment la fiscalité impacte-t-elle les différents composants de la rémunération ? En fait, tous les éléments qui concourent à la rémunération immédiate ou de court terme supportent les cotisations sociales (CSG : Contribution sociale généralisée, et CRDS : Contribution au remboursement de la dette sociale) et sont ensuite soumis à l'impôt sur le revenu. Sont concernés : le salaire proprement dit (comme dans les trois exemples ci-dessus), mais aussi les primes, l'éventuelle part variable liée à la performance du salarié ou encore les avantages en nature. L'impact fiscal sur ces éléments est donc maximal. Ce n'est pas le cas pour les composants de la rémunération qui sont dits de moyen ou long terme. Vous n'en disposez pas immédiatement mais, en contrepartie, ils bénéficient (en fait, vous bénéficiez) d'exonérations fiscales et sociales importantes, bien que limitées. On y trouve pèle mêle l'épargne salariale au sens large ainsi que les contrats de prévoyance ou retraite fournis par l'entreprise. *« Face à une population jeune, plus sensible aux rémunérations immédiates, il est difficile de rendre attractifs des systèmes à moyen et long terme, malgré une excellente rentabilité*, écrit Guy Saint Aubin, responsable du département conseil chez TMP eResourcing, *dans Banque Magazine. Pour un plus fort impact, il faut encore jouer aujourd'hui sur le court terme. »* Mais les nouvelles lois sur l'épargne salariale, qui en démocratisent l'accès, devraient peu à peu modifier cette approche.

Autre joute d'intérêt fiscal : les formules de retraite sur-complémentaire. À ce jour, un plan de retraite sur-complémentaire (par exemple, un contrat article 83 à cotisations définies, voir le chapitre 4) est la seule possibilité offerte d'épargner à titre personnel en vue de la retraite en franchise d'impôts. Vous effectuez, en effet, votre effort d'épargne en amont de votre revenu imposable, en franchise fiscale. Plus exactement, c'est l'employeur qui verse sur un contrat une somme d'argent au lieu de vous la verser sous forme de salaire. Le salarié complète parfois la mise. *« Les PME et les PMI ont bien ressenti le problème de la retraite qui se posait à leurs salariés, et réalisent que la fidélisation par la rémunération différée coûte moins cher qu'une augmentation de salaire immédiate. »*, affirme Jean-Axel Dieudonné, responsable de l'épargne collective chez CMAV-groupe Malakoff (institution de prévoyance). Un nombre croissant d'entreprises propose ce type de contrat retraite, qui a drainé quelques 6 milliards d'euros en 2002. Pour plus de clarté, lisez le tableau ci-contre :

Le match augmentation de salaire / contrat retraite		
Impact pour le salarié	Augmentation de salaire	Cotisation retraite
Montant brut perçu	1 500 €	1 500 €
Charges salariales	- 300 €	0
CSG – CRDS déductibles	- 73 €	- 73 €
CSG – CRDS non déductibles	- 41 €	- 41 €
Solde	1 086 €	1 386 €
Net imposable	1 127 €	41 €
Impôt sur le revenu (hypothèse à 29,14 %)	- 236 €	- 9 €
Solde net après charges, prélèvements sociaux et impôts	**850 €**	**1 377 €**

Victoire en terme d'efficacité économique du montant versé sur le contrat retraite, qui échappe aux charges salariales. Le montant net final est 62 % plus élevé que dans le cadre d'une augmentation de salaire. Mais ce n'est qu'une vue parcellaire du match. L'avant match se joue chez l'employeur. Pour lui, le coût d'une augmentation de salaire est largement supérieur à celui d'une cotisation versée sur un contrat de retraite sur-complémentaire.

Aujourd'hui, nous ne sommes qu'aux balbutiements de la rémunération globale. Et votre employeur ne quantifie pas toujours en euros ce que représente chaque élément. Aussi, n'est-il pas toujours très clair dans ses propositions. Mais on y vient peu à peu. Certains groupes proposent aujourd'hui des alternatives intéressantes comme une hausse de salaire de 3 % ou une hausse de salaire de 1,5 % couplée à une cotisation à un régime de retraite supplémentaire. Mais cette nouvelle approche nécessite des négociations d'entreprise. Et un grand effort pédagogique. Car, si le salarié n'arrive pas à déchiffrer le montant de ces avantages attribués, il risque de mettre à mal la politique salariale de l'employeur. Un effet contraire à celui recherché par ce dernier.

MALIN

Cinq conseils pour analyser rapidement une proposition de rémunération

1. Dans un package salarial, il faut toujours pointer précisément la part du salaire fixe. Ne vous engagez pas sur un niveau trop bas, qui serait pénalisant pour l'évolution du salaire au cours de votre carrière.
2. Il est impératif de toujours placer des chiffres en face des paroles prometteuses de votre interlocuteur. Par exemple, il assure abonder le PEE chaque année. Mais de quels montants ont été ces abondements, ces deux dernières années par exemple ?
3. Reliez toujours la proposition de l'employeur à votre vie personnelle et à vos projets : avez-vous besoin de revenus supplémentaires immédiats ? Si oui, mettez le paquet sur une augmentation de salaire ou une prime. Vous devez réaliser un projet immobilier d'ici 5 à 10 ans ? Jouez plutôt la carte de l'épargne salariale. Avez-vous souscrit un emprunt ?... Selon vos questions -et vos réponses-, vous saurez où sont vos priorités en matière de rémunération.
4. Faites-vous préciser tout plan d'intéressement : critères, modes de calcul, personnel concerné. Des informations clés dont il faut pouvoir disposer immédiatement.
5. Ne soyez pas obsédé par le salaire. Pensez aussi à demander des horaires plus flexibles, une mutation, des moyens supplémentaires, une formation...

DEVISE

Un tien vaut mieux que deux tu l'auras

De cet adage, certains salariés ont fait leur devise en matière de rémunération. À l'instar de Jean, commercial de 35 ans dans une chaîne de restauration rapide à Rennes. Pour lui, *« la rémunération, c'est ce qui est viré sur mon compte chaque fin de mois et rien d'autre. »* Jean refuse les augmentations différées, dont *« on ne verra la couleur que dans plusieurs années »*. Beaucoup raisonnent ainsi qui veulent de l'acquis et se méfient des remises en cause ou des changements de règles incessants, notamment sur le plan fiscal. Pour eux, ce qui est un avantage aujourd'hui pourrait moins l'être demain. Un exemple : le compte épargne temps instauré dans le cadre des 35 heures. Bien malin qui peut savoir aujourd'hui si ce type d'outil existera dans cinq ou dix ans. Ou si ses règles d'utilisation n'auront pas été revues ? La crainte n'est pas levée. Seule certitude : les lois n'ont pas de caractère rétroactif. Ce qui a été acquis aujourd'hui ne sera pas remis en cause.

EXONÉRATION

Impôt allégé pour les salariés migrants

Partir en mission hors de France peut soulager votre feuille d'impôt et donc regonfler votre rémunération. En effet, si votre entreprise, installée en France, vous envoie en mission dans un pays étranger, vous pouvez échapper à l'impôt sur le revenu. Mais dans deux cas précis seulement. Premier cas : vous ne payerez pas l'impôt si dans le pays étranger, vous payez en impôts au moins les deux tiers de ce qu'aurait été votre impôt en France. Second cas : votre rémunération est totalement exonérée d'imposition quand votre séjour hors de France a duré « plus de cent quatre-vingt trois jours sur douze mois consécutifs » (sic !), mais seulement dans le cas où vous avez travaillé pour « les chantiers de construction ou de montage, prospection, ingénierie, installation, mise en route et exploitation d'un ensemble industriel, les chantiers de prospection, recherche ou extraction de ressources naturelles, prospection de la clientèle préalable à une installation à l'étranger ». Un certain nombre de conditions, donc. Mais c'est tout bonus quand on est concerné.

MÉMO

Petit mémo du package salarial

Éléments du package salarial	*Les Plus*	*Les Moins*
Salaire de base	Socle de la rémunération Fixe et garanti Cotisation pour retraite, chômage, Sécu	Fortes charges salariales (20 %) Supporte l'impôt sur le revenu
Avantage en nature	Obtention d'avantages à moindre coût Utilisation privée tolérée	Taxé comme un salaire Attention aux abus
Primes	Booste sans délai la rémunération Récurrence de certaines primes	Imposées comme un salaire Caractère exceptionnel de certaines primes
Participation	Lien avec les bénéfices de l'entreprise Obligatoire dans les entreprises de plus de 50 salariés Pas de charges salariales	Non-obligatoire dans une entreprise de moins de 50 salariés Somme bloquée 5 ans

Éléments du package salarial	Les Plus	Les Moins
Intéressement	Booste le revenu si bon accord Possibilité de verser dans PEE	Somme soumise à l'impôt si prise de suite Gare aux accords opaques
Abondement	Pas de charges salariales	Somme bloquée 5 ans dans PEE Limité à 2300 € /an Effort d'épargne nécessaire
Retraite sur-complémentaire	Pas de charges salariales Possibilité de cotiser en sus de l'employeur	Sommes indisponibles avant retraite Mécanique contrat complexe

RÉMUNÉRATION
« risque tout » ou « bon père de famille » ?

Question argent, êtes-vous « risque tout » ou, plutôt « bon père de famille » ? C'est, en partie, selon la réponse donnée à cette interrogation que vous choisirez entre ces quatre propositions de rémunération (ci-dessous : A, B, C, D). Peu ou prou, toutes vous disent : vous gagnerez 45 000 euros par an. Sauf que ces quatre propositions sont loin d'avoir le même contenu. Avec la proposition A, vous tenez un salaire annuel fixe consistant, c'est la sécurité absolue. Cette proposition ne contient pas de rémunération variable ou différée. Seul problème, elle ne pèse plus, net de charges salariales, que 36 000 euros, sur lesquels il faudra ensuite payer l'impôt sur le revenu. À l'opposé, la proposition D attirera ceux qui recherchent le risque maximal et de fortes possibilités de gains *via* l'intéressement et les stock options. Sauf que cette fois, vous partez d'un salaire annuel net d'environ 22000 euros. L'écart est lourd avec A. Il faudrait faire le plein avec l'intéressement et reverser la somme dans le PEE pour combler le retard. Les propositions B et D, intermédiaires dans le risque et la sécurité, représentent sans doute un bon compromis pour la plupart des salariés. Elles semblent plus adaptées aux futures offres du marché, en comprenant plusieurs solutions de rémunération. Mais ces deux packages ne sont pas de même valeur. La proposition B est en fait la mieux pourvue, avec les principaux outils de l'épargne salariale et l'accès à un régime de retraite sur-complémentaire. C'est l'offre la plus attractive. Certes, le salaire de base est inférieur à la proposition A. Mais par le bais de la rémunération différée (participation, intéressement et abondement), qui rapporte davantage au salarié, l'écart sera sans doute comblé. Voire au-delà.

	A	B	C	D
Salaire fixe brut	45 000	37 000	33 500	27 500
Avantages en nature	Minimum	Oui	Oui	Minimum
Participation	Non	Oui	Non	Non
Intéressement	Non	Jusqu'à 5 000 €	Jusqu'à 9 000 €	Jusqu'à 12 000 €
Abondement / PEE	Non	Oui	Oui	Oui
Retraite sur-complémentaire	Non	Oui	Non	Non
Actionnariat Salarié	Non	Non	Oui	Non
Stock-Options	Non	Non	Oui	Oui

8 GAGNER PLUS MAIS APRÈS ?

DONNER UN SECOND SOUFFLE À MA RÉMUNÉRATION

Une prime, une gratification, une augmentation… vous pouvez vous faire plaisir et tout dépenser. C'est bon pour votre moral et pour l'économie en général. Vous pouvez aussi faire fructifier ce bonus et construire progressivement votre patrimoine. Notre propos n'est pas de vous conseiller tel ou tel type de placement, ni de vous inviter à préférer, par exemple, l'immobilier à la bourse lorsque cette dernière traverse des fortes zones de turbulence, ni même de vous obliger à épargner dans des contextes conjoncturels incertains. Mais simplement de vous montrer comment, si tel est votre choix, vous pouvez donner ce second souffle à votre rémunération.

ET SI J'ESSAYAIS DE TRANSFORMER L'ESSAI...

Au rugby, on dit qu'il faut « transformer l'essai ». Pour le salarié, côté rémunération, c'est un peu la même chose. En même temps qu'il travaille pour gagner son salaire (au sens large du terme, bien entendu) et le voir augmenter, il lui faut aussi savoir « transformer l'essai ». Explication : Alexis est salarié dans un groupe pharmaceutique. Pour sanctionner sa forte contribution à la croissance de l'entreprise, son employeur le gratifie d'une prime exceptionnelle (nette) de 3 500 euros. Alexis est ravi. Mais que va-t-il faire au juste de cette prime ? Il peut choisir de la dépenser en totalité (l'augmentation de salaire, les primes, permettent de consommer plus. En ce sens, elles sont l'un des moteurs de l'économie) ; il peut aussi choisir de n'en dépenser qu'une partie (1 000 euros, par exemple) et laisser au crédit de son compte courant, le solde de 2 500 euros. Des petites économies... Sauf ce « petit » détail : en France, contrairement à ce qui peut se pratiquer dans d'autres pays européens, les comptes bancaires (appelés aussi comptes courants ou comptes chèques) ne rémunèrent pas l'argent qui y est déposé. Les 2 500 euros d'Alexis vont donc sommeiller. Et même se dévaluer puisque l'inflation, bien que faible en France (environ 2,5 % en 2002), érode la valeur de la monnaie. En fait, ce dépôt sur compte bancaire ne diffère guère du bas de laine d'autrefois. Un peu comme si Alexis gardait cette somme cachée sous son matelas. Le leçon à retenir est simple : tout argent, non placé en 2002, aura perdu 2,5 % de sa valeur, autant dire l'augmentation annuelle du salaire pour certains. Tant d'efforts pour rien !

Alexis doit donc placer cette somme ailleurs que sur son compte courant. Dans l'attente de solutions plus abouties, il aura au moins le premier réflexe de la « virer » sur un Livret A (taux actuel de rémunération : 2,25 %) qu'il aura ouvert s'il est client de La Poste ou de La Caisse d'Épargne. Ou sur un livret bancaire classique s'il est dans une banque concurrente. Dans ces deux cas, son argent va travailler et faire des petits, comme on dit. Au bout d'un an, ces 2 500 euros vaudront, rémunérés à 2,25 % sur un Livret A, 2 556,25 euros. De quoi compenser la hausse des prix. Et cet argent reste aussi disponible que sur son compte courant en cas de besoin. Premier essai transformé.

Cette petite histoire peut prêter à sourire. Mais elle est monnaie courante si l'on peut dire... *« Combien de salariés laissent-ils ainsi dormir une partie de leur rémunération sur leur compte courant ? »* regrette Michel Simon, DRH dans la filiale française d'un grand groupe allemand. Aujourd'hui pourtant, avec le développement des outils technologiques modernes, comme Internet, il devient possible d'effectuer un virement de compte à livret sans même passer par le guichet de sa banque. Aussi Michel Simon estime-t-il nécessaire de faire vivre sa rémunération, de lui donner une suite en quelque sorte : *« Trop de salariés se contentent de gagner davantage sans projeter ce gain dans leur vie future, autrement que par une hausse de leur consommation. « Qu'allez-vous faire de votre augmentation ? », voilà la vraie question. Laisserez-vous cet argent dormir, puisque les gens, dans leur immense majorité, ne dépensent pas tout le surplus engrangé ? Rechercherez-vous les meilleures solutions pour placer ce surplus ? En plaçant efficacement, vous optimisez l'augmentation de la rémunération obtenue pour votre travail. »* Alors, une fois votre salaire versé et à chaque fois que votre patron vous augmente, pourquoi ne pas chercher à « transformer l'essai » en faisant de ce surplus un moyen d'augmenter votre épargne (pas au détriment de votre niveau de vie, bien sûr). *« Ne considérez plus l'épargne comme un sacrifice,* insiste Michel Simon, *mais comme une manière de doper vos revenus pour demain. À terme, votre vie toute entière en bénéficiera. »*

Effectuez donc un petit bilan de vos finances personnelles. Et en premier lieu, de vos revenus annuels. Demandez-vous simplement « où passe l'argent »... Savez-vous vraiment ce que vous mettez de côté chaque année ? En apportant des éléments de réponses à ces questions, vous cernerez sans doute mieux vos possibilités et vos « obligations » en matière d'épargne. Première étape : établissez par écrit un « plan financier » en identifiant précisément vos objectifs et ce qu'ils va vous en coûter de les atteindre. Répondez ensuite à cette question : « À quoi consacreriez-vous 10 % de revenus supplémentaires ? ». La question est régulièrement posée aux Français pour connaître leur appréciation de la conjoncture économique. Ils répondent, généralement à hauteur de 50 %, qu'ils épargneraient cette somme. Vous feriez de même ? Alors choisissez un placement. Le livret d'épargne a bien sûr la côte. Mais il existe en France d'autres opportunités de placements.

LE SALAIRE ARTISAN DE MA RICHESSE

Selon l'Observatoire des Caisses d'Épargne, « *les Français épargnent. Ou, plutôt, fabriquent du patrimoine sans s'en rendre compte, de manière automatique et inavouée. Une partie de leur revenu n'est pas consommée car elle est directement contrainte par des mécanismes financiers : remboursements en capital d'emprunts immobiliers (qui représentent près d'un tiers de l'épargne des ménages), versements réguliers d'argent et capitalisation des intérêts sur des Plan d'épargne logement (PEL), Plan d'épargne populaire (PEP), de l'assurance vie...* ». L'épargne est donc l'une des clés de la richesse, au côté des héritages et autres donations entre parents et enfants notamment. Bien sûr, lors des premières années de travail, il est difficile de beaucoup épargner. Mais, au fil des années, la rémunération évolue à la hausse, l'épargne suit et, effet boule de neige, génère des revenus issus de placements, eux aussi croissants. Mais n'allons pas trop vite...

Rappel : votre épargne correspond à la partie de votre rémunération que vous ne dépensez pas. C'est elle qui, au fur et à mesure, créé votre patrimoine. Un patrimoine est composé de biens immobiliers et de biens financiers. Selon l'Insee (synthèse sur « le patrimoine et les revenus des ménages » édition 2003, portant sur le patrimoine des Français en 2000), le patrimoine médian (celui au-dessus duquel se situent la moitié des ménages) est d'environ 67 000 euros pour les ménages de salariés (10 % de ces ménages de salariés ayant un patrimoine supérieur à 242 000 euros). On va le voir : c'est, notamment, le salaire et sa progression qui sont le fer de lance de votre « richesse ».

Car, en fait, rien ne sert de courir, il faut seulement... partir à point. « *Comme dans la fable de La Fontaine, le meilleur moyen d'atteindre ses objectifs financiers est d'avancer lentement mais sûrement,* explique Michel Vaust, conseiller financier à Lyon. *Mieux vaut mettre de petits montants de côté pris sur votre salaire chaque mois, plutôt que de verser une somme une seule fois ou que de faire des coups erratiques. Votre capital fructifiera plus efficacement, sans que vous ayez eu l'impression d'avoir réalisé de gros efforts.* » En fait, l'argent épargné régulièrement (tous les mois, par exemple) est plus rémunérateur car il fructifie plus rapidement. Vous profitez des effets des intérêts composés, vos intérêts dégageant eux-mêmes des intérêts. Si votre investissement porte sur un placement à dominante actions, donc risqué, l'épargne régulière permet également d'amortir les à coups propres aux marchés boursiers. Vous lissez le risque, évitant ainsi

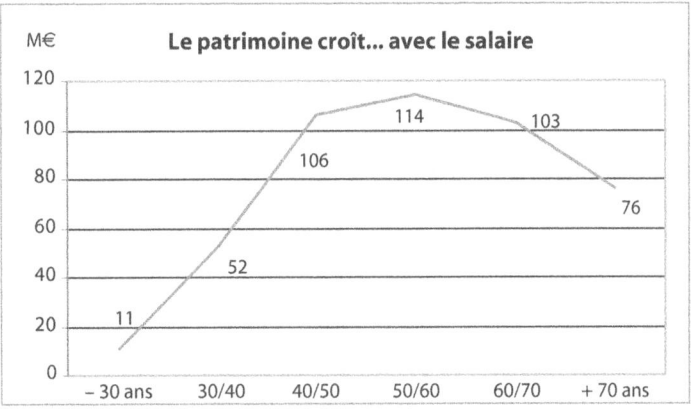

Source : Insee (en milliers d'euros).

Selon l'Insee, à 30 ans, la moitié des ménages dispose d'un patrimoine supérieur à 11.000 euros (et donc l'autre moitié a moins). Ce patrimoine monte en flèche, à l'instar de l'évolution du salaire (voir le graphique chapitre 6), pour culminer entre 50 et 60 ans où cette fois la moitié des ménages dispose d'un patrimoine supérieur à 114 000 euros. Pas de surprise donc, la richesse se constitue au fil de la carrière salariale, notamment sous le joug d'une augmentation de la rémunération. Mais aussi par le poids des transmissions de patrimoine et l'efficacité des placements financiers. Fin 2000, le patrimoine national atteignait près de 6 000 milliards d'euros (environ 4 années de richesse nationale).

d'investir à un moment inopportun, le pire ennemi du placement en actions. Pour convaincre de l'utilité de cette épargne régulière et donc, devenir un épargnant efficace, Michel Vaust conseille à ses clients : « payez-vous d'abord », *« prélevez tout de suite de votre salaire le pourcentage d'épargne que vous avez décidé de tenir, tout cela avant de payer vos factures et impôts. »*

Si vous avez choisi d'épargner, la règle de base en matière d'épargne est de définir ses objectifs tout en précisant quelques paramètres déterminants : le temps dont vous disposez pour réaliser votre objectif, le risque que vous êtes prêt à accepter dans ce placement, sans oublier la fiscalité à laquelle vous serez soumis. *« Les trois objectifs généralement poursuivis par les salariés sont l'acquisition d'un logement, la protection de la famille, et l'aide aux enfants »,* explique Michel Vaust qui ajoute : *« Vos objectifs doivent toujours guider vos choix ».* Il précise enfin que *« la réalisation de ces objectifs exige une certaine connaissance du marché afin d'éviter les pièges que n'hésitent pas à tendre certains conseillers financiers peu scrupuleux. Pour arriver à bon port, un capitaine doit connaître sa destination finale. Chaque produit va donc répondre à tel objectif précis. »*

Ainsi, l'objectif d'un jeune salarié, notamment lorsqu'il fonde un foyer, est souvent d'assurer la protection du conjoint et des enfants en cas de décès ou d'invalidité. Un autre objectif sera de constituer l'indispensable épargne dite de précaution : l'équivalent de deux à trois mois de salaire. Et ce jeune salarié n'oubliera pas qu'à compter du jour du mariage (dans le cadre de la communauté légale, 80 % des couples), les revenus du couple (donc les salaires) ainsi que les biens acquis appartiennent aux deux conjoints... Age, situation de famille... un autre aspect de l'épargne, qui n'est pas gage de richesse à tous les coups et des objectifs pour lesquels il convient de faire les bons choix de placements. Combien d'épargnants se sont ruinés en croyant placer à mieux...

LES GUIDES DE VOTRE ÉPARGNE

Pour le salarié non-initié au monde de l'épargne, le possibilités offertes pour placer son argent « non dépensé » ne manquent pas.

Elles seraient même trop nombreuses. Comment alors se donner les meilleures chances de « transformer l'essai » en donnant un second souffle à sa rémunération ? Sûrement pas en adoptant la stratégie du bas de laine. On sait par ailleurs qu'à différents moments de la vie, correspondent souvent différents niveaux de rémunération et que c'est en fonction de ces niveaux de rémunération qu'il faut effectuer les bons choix en termes de placements.

Vous allez donc devoir, même si cela vous enthousiasme peu, plonger votre nez dans la famille des placements français. Vous classerez d'un côté les placements sans risques, de l'autre les outils plus risqués. Vous trierez également ces placements selon leur durée souhaitable de détention... Mais on a vite fait de s'y perdre. Pour vous aider, voici ce petit recensement des principaux placements susceptibles d'accueillir votre épargne en France.

	Les placements sans risques de court terme vous permettent de gérer efficacement vos liquidités	
	Caractéristiques essentielles	**À savoir**
Les livrets	- Livret A (Poste et Caisse d'EP.) : 2,25 % de rémunération, plafond 15 300 € - Livret Bleu (Crédit Mutuel) : 2,25 %, plafond à 15 300 € - LEP (livret d'épargne populaire) : 4,25 %, plafond à 7 700 € - Livret jeunes : 2,25 %, plafond à 1 600 € - Codevi : 2,25 %, plafond à 4 600 € - Livret bancaire : 2,75 %, pas de plafond	**Ultra-liquides**, ces livrets permettent de disposer de son argent sans délai. Idéal donc pour placer, même temporairement une rentrée d'argent exceptionnelle (par exemple une prime exceptionnelle). Attention, certains livrets ne sont accessibles que sous certaines conditions (par ex. le LEP aux non-imposables). Existent aussi des « super-livrets » aux taux de rémunération attractifs mais variables. Argent rémunéré par quinzaine civile.

Les placements sans risques de court terme vous permettent de gérer efficacement vos liquidités		
	Caractéristiques essentielles	**À savoir**
Le Compte Épargne Logement (CEL)	Plafond : 15 300 € Taux de rémunération : 2,25 % brut (1,8 net) Retrait et versements libres (75 € /an min.)	Permet d'obtenir un **prêt** (plafonné à 23 000 €) **à taux préférentiel** (3,5 % en 2003)
Les comptes à terme	Versement unique, pour une durée d'indisponibilité et une rémunération convenues à l'avance (un mois à 5 ans). Les certificats de dépôts sont quasi-identiques, avec un montant min. de 152 500 €.	Idéal pour faire fructifier **une forte rentrée d'argent**, par exemple des indemnités de licenciement, en vue d'un projet.
Les Sicav monétaires	Rentabilité autour de 3 %, sans limite de montant	Outil d'attente pour placer une certaine somme, avant par exemple un investissement immobilier

Les placements sans risques à moyen/long terme vous offrent une rémunération supérieure, mais sont moins liquides		
Plan Épargne Logement (PEL)	Plafond : 61200 € Taux de rémunération : 3,5 % (3,05 net) Versement minimums de 540 € /an	Permet l'obtention d'un prêt après 4 ans, plafonné à 92 000 €, à un taux fixé selon date de souscription. Pas de retrait avant 4 ans.
Assurance vie en euros	Rendement autour de 5 %. Durée fiscale optimale : 8 ans min. Non plafonné.	Possibilité de cumuler plusieurs contrats. Outil de transmission à fiscalité quasi-nulle. Liquide.
PEP bancaire PEP Assurance	Dépôt max : 92 000 €. Un plan par contribuable max.	Possibilité de sortie en rente viagère après 8 ans, sans fiscalité. Pas de retrait, sinon plan cassé.

Tous ces taux seront désormais évolutifs chaque semestre à compter d'août 2004 selon un mode de calcul fixe.

Les placements risqués à moyen/long terme : espoir d'un rendement supérieur, c'est le prix du risque. Placez-y de l'argent dont vous n'avez pas besoin.		
Assurance vie multisupports	Choix d'investissement au sein du contrat (sécurité, risque avec les actions…)	
Plan Épargne Actions	Plafond à 120 000 €. Un plan par contribuable. Pas d'imposition des plus-values réalisées après 5 ans.	Possibilité de sortir à terme en rente défiscalisée.
Compte-titres	Investir dans n'importe quelle valeur mobilière (actions, obligations…) du monde. Pas de montant mini, ni de durée. Pas d'avantages fiscaux, hormis l'avoir fiscal (déduire de l'impôt 50 % des dividendes distribués par les actions françaises)	Idéal pour spéculer sur des titres en direct

Plusieurs paramètres propres au produit lui-même guident ou devraient guider l'épargnant : la durée du placement, sa fiscalité et son degré de risque. Mais, plus généralement trois axes majeurs dans l'orientation de l'épargne peuvent être retenus. Premier axe : il faut toujours veiller à équilibrer son patrimoine. Concrètement, cela signifie ne prendre ni trop ni pas assez de risques dans ses placements. Les actions ne doivent donc pas représenter une part trop importante de vos investissements financiers. Certes, et l'Insee l'a écrit : les actions ont été plus rémunératrices que les obligations et l'or au XXe siècle. Elles ont même, comme le rappelle Alice Tanay, auteur de l'étude Insee, *« procuré l'espérance de gain la plus forte. Cependant, à court terme, leurs performances ont été très variables. »* Ce que confirme ce financier aguerri : *« La bourse, c'est de l'aléatoire. Ne vous appuyez jamais sur elle pour vous garantir un capital, réaliser un objectif précis ou augmenter vos revenus. »*. Certes la bourse, notamment lors de l'envol de la bulle internet, a fait miroiter des gains faciles et faramineux. Beaucoup d'épargnants ont cru au mirage : fin 2002, on comptait 7,1 millions d'actionnaires en France, contre 3,2 fin 1993, selon l'enquête TNS-Sofres pour la Banque de France. Ne l'oubliez pas : le prix d'une rémunération supérieure, *via* les actions, c'est aussi du risque en plus pour votre argent.

Second axe d'orientation de l'épargne : votre âge. Il doit, en partie, guider le choix de vos investissements. Les plus jeunes ont l'opportunité de donner un effet de levier à leur rémunération extra-entreprise, en axant davantage leur épargne sur la famille des placements à risques (sans excès !). Autrement dit, puisqu'ils ont du temps devant eux, ils pourront investir en partie sur des actions, ces dernières rapportant (historiquement) plus sur la durée. Troisième point d'ancrage : on ne choisit jamais un placement pour lui-même, mais toujours en réponse à l'objectif que l'on s'est fixé. Le placement n'est pas une fin en soi, il est un moyen qu'il faut utiliser à bon escient. Enfin, votre stratégie d'épargnant futé consistera à établir des passerelles entre votre rémunération différée (principalement l'épargne salariale – voir le chapitre 3) et ce temps futur où vous pourrez en bénéficier. Concrètement, l'épargne salariale est aujourd'hui réceptionnée dans un outil (un placement), le Plan d'épargne entreprise (PEE). Cet outil encore sous-développé en France est, selon les spécialistes de l'épargne, sans concurrent. Comme le confirme Olivier de Fontenay, responsable du développement chez Novacy : *« L'épargne salariale permet aux entreprises, comme aux salariés, de réaliser des objectifs à la fois personnels et collectifs, de gestion de patrimoine comme de gestion des ressources humaines. De tous les dispositifs français d'épargne défiscalisés, l'épargne salariale est l'outil complémentaire indispensable. »* Pour le salarié épargnant, le principe de base consiste à verser sur son PEE le maximal annuel (jusqu'à 25 % de sa rémunération brute annuelle) pour profiter de l'abondement de l'employeur. Ce PEE est à ce point sans concurrence que, lorsque votre banquier, assureur ou conseiller financier vous propose d'épargner sur l'un de ses produits, réfléchissez y par deux fois : en effet, si vous disposez d'une enveloppe PEE, il peut être plus intéressant d'épargner en son sein, même si votre employeur ne l'a pas abondé. Les frais sont moins lourds, puisque l'employeur prend en charge les frais de tenue de compte.

Une fois votre épargne orientée, il faut vous montrer malin et savoir mettre en place les combinaisons gagnantes. Dans un objectif retraite, on saura utiliser le PEE dans sa meilleure mesure. Certes, ce placement ne permet pas la sortie en rente viagère (c'est-à-dire de percevoir des revenus réguliers à vie calculés selon son capital et son âge). Mais rien n'empêche un salarié de récupérer son argent à l'heure de sa retraite (bien sûr en exonération d'impôts) et de le confier à une compagnie d'assurances qui, elle, transformera ce capital en rentes. *« Le couplage entre l'épargne salariale mise au sein du PEE et un contrat d'assurance vie, par exemple, est une mesure de bon sens pour chacun,* explique Olivier de Fontenay. *Les sommes investies sur le PEE sont versées sur le contrat d'assurance vie à mesure de leur disponibilité, c'est-à-dire au bout de cinq ans. Elles vont ainsi bénéficier du cadre fiscal favorable du contrat d'assurance vie, en se plaçant notamment hors succession en cas de décès. »*

Prenez date sur les enveloppes fiscales. C'est l'ultime conseil des professionnels de l'épargne : en mettant un peu d'argent sur un placement, même le minimum requis, vous mettez en route un outil qui vous servira dans des années et sera alors en partie défiscalisé. *« Les Français doivent apprendre à rendre complémentaires les outils d'épargne qu'ils ont à leur disposition, car ceux-ci ne sont pas concurrents entre eux,* estime Manuèle Pennera, associé au cabinet d'épargne entreprise Karente. *Ils peuvent notamment créer des passerelles directes entre leur rémunération* via *l'épargne salariale et des placements comme l'assurance vie ou les PEP* (Plan d'épargne populaire). *Si vous associez un PEE avec un plan d'épargne populaire, vous pourrez bénéficier d'une rente viagère défiscalisée. »* Bien sûr, en épargnant averti, on ouvrira ce PEP au moins 8 ans avant de partir en retraite pour bénéficier à plein de la douce fiscalité de ce produit. L'objectif poursuivi est, dans ce cas, celui d'une meilleure retraite. Bien sûr, un tout jeune salarié n'a pas les moyens de souscrire à tous ces placements. Pourtant, il faut être plus malin que naïf. Il ne coûte souvent que quelques euros pour mettre en marche des placements qui sont avant tout des enveloppes fiscales destinées à recevoir votre argent. Penchez-vous sur les placements de long terme (assurance vie, PEA, PEP notamment) et ouvrez un bon contrat ou plan pour prendre date sur sa fiscalité. Exemple : si vous ouvrez un contrat d'assurance vie aujourd'hui en y versant le minimum requis (certains contrats s'ouvrent avec quelques dizaines d'euros !), vous faites démarrer le compteur fiscal. Dans huit ans, votre contrat sera défiscalisé, et vous pourrez y verser l'argent dont vous disposerez lorsque votre carrière et votre rémunération auront pris leur envol. Et puis, il faut anticiper. L'anticipation est en effet le maître mot de l'épargnant qui sait que sa rémunération est amenée, bon an mal an, à croître avec le temps. Une fois senior, selon la terminologie aujourd'hui admise, vous aurez ainsi toute latitude fiscale pour user de vos ressources supplémentaires : selon l'Observatoire des Caisses d'Épargne, un quart des revenus courants des seniors provient de leur patrimoine.

PROFIL

Surfeur ou stratège : quel épargnant êtes-vous ?

L'Observatoire des Caisses d'Épargne a identifié « six visages d'épargnants ». Et vous, quel épargnant êtes-vous ?

1. **Réalisateur** : Vous plébiscitez l'épargne utile. Les placements vous laissent froids, vous ne suivez pas les modes. Les épargnants représentent 21,2 % de la population.
2. **Stratège** : Vous connaissez plutôt bien l'univers des placements. En multipliant les objectifs (aider les enfants, protéger la famille...), vous vous impliquez beaucoup dans votre épargne. Au risque de ne plus aller à l'essentiel. Les stratèges représentent 17,3 % de la population.
3. **Tacticien** : Votre objectif numéro un : valoriser votre patrimoine. Vous aimez le risque, mais vos placements sont dans l'ensemble sécuritaires (17 % de la population).
4. **Surfeur** : La Bourse est votre dada. Pour le rendement, les risques et le fun. Vous n'êtes pas du genre à vous endetter pour acheter votre logement (15,7 %).
5. **Économe** : Vous êtes précautionneux. Épargner est un effort, une privation sur la consommation. Mais cela vous rassure (15,2 %).
6. **Distancié** : Vous évitez la bourse, préférant vous tourner vers des placements liquides et disponibles. On rencontre les distanciés parmi la classe des retraités qui n'ont plus besoin d'épargner, mais qui le font dans un souci de transmission (13,6 %).

DÉDUCTION

Gagner plus et faire des économies d'impôt : c'est possible !

Gagner plus c'est appréciable. Mais ça l'est encore plus s'il vous est possible de diminuer votre pression fiscale… Première piste : vos frais professionnels sont supérieurs à la déduction de 10 % opérée par le fisc dans votre déclaration d'impôt sur le revenu (c'est souvent le cas pour les cadres qui se déplacent beaucoup et passent à peine 10 jours par mois au bureau). Dans ce cas, déduisez toutes vos dépenses professionnelles. Seconde piste : les dépenses de gros travaux dans la résidence principale, s'ils ont été réalisés par une entreprise, ouvrent droit à une réduction d'impôt (20 % du montant des dépenses). Ou encore le crédit d'impôt pour l'acquisition de gros équipements. Troisième piste : les dons à des associations vous permettent de bénéficier d'une réduction d'impôt égale à 50 % des sommes versées dans la limite de 6 % du revenu imposable. Enfin, les aficionados de l'immobilier peuvent acheter un logement ancien à crédit et y réaliser d'importants travaux pour le mettre en location pendant trois ans minimum. Ils pourront alors déduire le déficit foncier (intérêts d'emprunt, charges, travaux) de leur revenu imposable… et devenir propriétaires. Pas de miracle toutefois, ce déficit foncier est appelé à disparaître. Il devient ensuite bénéfice foncier, vous faisant payer davantage d'impôts.

FUTÉ

7 conseils pour épargner EFFICACEMENT

1. **Sachez où vous voulez aller.** Vos objectifs doivent être clairs. Tout comme le timing pour les réaliser.
2. **Équilibrez vos investissements.** Ni trop sécuritaires, ni trop risqués. Vous devez comprendre la relation qui existe entre le rendement et le risque.
3. **Fuyez la spéculation.** Elle ne vous apportera que des désillusions. Gérer un patrimoine est tout l'inverse : faire progresser vos avoirs quoiqu'il arrive.
4. **Réinvestissez vos bénéfices.** Meilleur moyen de faire croître plus rapidement votre patrimoine et de profiter de l'effet boule de neige. 100 à 5 % font 105, qui à 5 % font 110,25 qui à 5 % font 115,8 qui…
5. **Comprenez le produit que vous souscrivez**, ses mécanismes de base et le rendement que vous pouvez en attendre. Même si cela est rébarbatif, lisez toujours les conditions contractuelles de tout placement.
6. **Tirez pleinement profit du régime d'épargne de votre employeur**, moins coûteux qu'un régime d'épargne individuel. Pour ceux qui ont la chance de disposer de cet outil…
7. **Ne mettez pas tous vos œufs dans le même panier.** Il ne faut jamais placer toute son épargne dans une même banque ou dans une même compagnie d'assurances. Les risques de faillite sont toujours possibles.

BAS DE LAINE

Où les Français déposent-ils leur épargne ?

	Livrets d'épargne	Épargne logement	Valeurs mobilières : actions, obligations...	Assurance vie	Logement
Agriculteurs	87	65	29	66	84
Artisans, commerçants, chefs d'entreprise	85	48	35	64	80
Professions libérales	89	68	58	82	79
Cadres	92	65	52	63	72
professions intermédiaires	90	54	33	51	60
Employés	85	37	16	43	38
Ouvriers qualifiés	84	40	15	44	54
Ouvriers non qualifiés	74	24	9	29	35
Agriculteurs retraités	89	35	22	45	76
Indépendants retraités	79	31	37	47	86
Autres inactifs	79	21	14	27	41
Ensemble	**85**	**40**	**25**	**47**	**60**

Sources : Taux de détention en % en 2000, source Insee.

Racontez-moi la vie d'un patrimoine !

« Un patrimoine se construit au fil du temps, au gré des opportunités, des héritages, des aléas familiaux, économiques ou fiscaux. » Ainsi le vieil assureur anglais Legal & General vous accueille-t-il. Une affirmation qui montre bien qu'il n'est pas un patrimoine qui se ressemble. Si ce que chacun gagne par son travail contribue à constituer ce patrimoine, bien d'autres éléments y concourent aussi.

Tout commence lorsque l'on met son premier pied dans la vie active et que l'on touche ses premiers salaires. Il est alors temps (déjà !) de penser à construire son patrimoine. Mais quelle stratégie adopter ? *« Après avoir trouvé un emploi correspondant à leurs formations et à leurs aspirations, les jeunes ont légitimement la préoccupation majeure d'acquérir leur résidence principale,* confie-t-on à la cellule Gestion de Fortune de la banque CIC. *C'est une des étapes importantes dans la constitution d'un patrimoine. »* De quelle manière ? On commencera par acquérir une petite surface. Puis au fil du temps et de l'évolution de sa situation familiale et de ses possibilités financières, le jeune se tournera vers des surfaces plus grandes (l'opération immobilière est souvent la première pierre du patrimoine).

Plus tard, l'épargne n'est plus désendettement (remboursement du crédit immobilier), mais se « financiarise » davantage. En 2000, le taux d'épargne des Français était de 16 %, composé pour 8,5 % d'épargne destinée à l'acquisition immobilière et 7,5 % en épargne financière. Mais il est très variable selon les âges (à peine de 4 % chez les moins de 25 ans, environ 13 % entre 35 et 44 ans) ou la catégorie socioprofessionnelle (plus élevé chez les professions libérales ou les cadres). Arrivé à la cinquantaine, le patrimoine est largement constitué. Vient alors le temps de sa consolidation. L'épargne n'est pas réduite pour autant. Mais on modifie le choix des produits. L'assurance vie – qui recueille en France les deux tiers de l'épargne financière – est alors plébiscitée dans un objectif retraite ou transmission. Puis vient le temps de la retraite : le patrimoine est peu à peu consommé. On tire des revenus de sa « richesse », on puise même dans le capital accumulé en cas de besoin, notamment pour des raisons de santé. Certains revendent la maison devenue trop grande pour acheter plus petit. On profite de son patrimoine en le grignotant. Vivre sans travailler. Enfin.

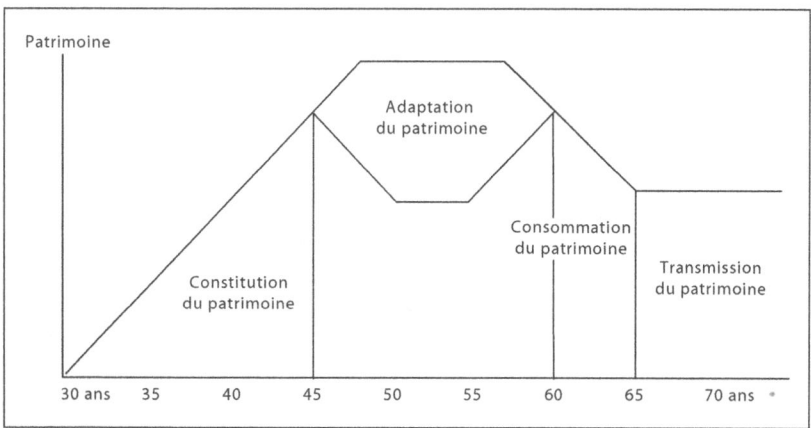

Source : CIC, cellule Gestion de Fortune

À LIRE

Pour en savoir plus sur le patrimoine des Français :

Synthèses revenus et patrimoine des ménages, n°65, édition 2002-2003, Insee

Pour vous y retrouver dans la jungle des placements :

Placez mieux gagnez plus, Jean Seraqui, éditions Jean-Claude Lattès, 1993

Guide pratique et juridique de votre argent, Maya Barakat-Nuy, éditions Grancher 2001

Votre Argent mode d'emploi 2003, Groupe Mieux Vivre, 2003

Vos droits, votre argent, éditions Francis Lefebvre, 2003

GLOSSAIRE

Voici 44 mots clés pour vous y retrouver dans l'univers de la rémunération globale. À lire et relire pour savoir de quoi il est vraiment question quand on vous parle de...

Abondement : Somme d'argent versée par l'employeur dans le PEE du salarié, plafonnée à trois fois les versements volontaires du salarié, dans la limite de 2 300 euros et de 4 600 euros dans le cadre du PPESV. La prise en charge des frais de fonctionnement du plan constitue pour l'entreprise l'abondement minimum obligatoire.

Accord d'entreprise : Accord conclu par l'employeur et les organisations syndicales, comprenant des avantages octroyés aux salariés ou à certaines catégories d'entre eux.

Acompte : Somme d'argent que le salarié peut percevoir en avance sur le versement de son salaire.

Action : Titre de propriété qui représente une part du capital d'une entreprise. Cette valeur mobilière fournit un revenu aléatoire, le dividende, lié aux bonnes ou mauvaises performances de l'entreprise.

Actionnariat salarié : Quand les salariés ont la possibilité de souscrire à des actions de leur entreprise. L'actionnaire salarié est donc une personne qui possède des actions de l'entreprise qui l'emploie.

Avantages acquis : Ensemble d'avantages octroyés par un accord, une convention collective ou provenant d'un usage et qu'un employeur ne peut pas remettre en cause de lui-même.

Avantages en nature : Ensemble des équipements ou services mis à la disposition du salarié et qui ne sont pas payés en argent.

Blocage des salaires : Pas d'augmentation de salaire. Toutefois,

Glossaire

il est impossible de bloquer l'évolution des salaires au niveau du SMIC ou des minima fixés par la convention collective.

Bulletin de salaire : Document écrit où est indiqué le montant du salaire brut, des cotisations sociales obligatoires et le montant du salaire net. À conserver la vie entière, notamment pour vos droits à la retraite.

Charges sociales : Ensemble des cotisations versées par l'employeur pour chacun de ses salariés. Ces cotisations visent à financer l'assurance maladie, la maternité, les accidents du travail... On parle aussi de charges patronales.

Chèque-vacances : Moyen de paiement des vacances remis par l'employeur à ses salariés les plus modestes. Leur acquisition est soumise à conditions de ressources.

Comité d'entreprise : Groupe composé du chef d'entreprise, de représentants syndicaux et du personnel, qui s'occupe des activités sociales de l'entreprise et consulte sur les questions économiques. Obligatoire dans les entreprises de plus de 50 salariés.

Commissions : Complément au salaire de base, dont le montant est souvent un pourcentage des ventes réalisées. Sorte de rémunération qui concerne surtout les représentants de commerce ou les fonctions commerciales d'une entreprise.

Compte Épargne Temps (CET) : Dispositif qui permet aux salariés de différer le bénéfice de périodes de repos et d'éléments de rémunération en les capitalisant dans un compte. Le salarié pourra disposer ultérieurement de son « capital temps » durant sa carrière ou anticiper son départ à la retraite.

Congés payés annuels : Des vacances payées ! Chaque salarié ayant une année de travail derrière lui peut prétendre au minimum à quatre semaines de congés payés, auxquelles s'ajoutent une cinquième semaine l'hiver.

Contrat de travail : Document écrit qui relate le lien de subordination d'une personne, le salarié, envers une autre personne, l'employeur. Le contrat, à durée indéterminée (CDI) ou déterminée (CDD), décrit les fonctions du salarié et le montant de sa rémunération.

Glossaire

Convention collective : Texte qui détaille les conditions d'emploi et de travail et sur les garanties sociales des salariés dans l'entreprise pour un secteur d'activité particulier. Elle institue des dispositions non prévues par le Code du travail comme les salaires minimaux ou un régime de prévoyance, par exemple.

CSG (Contribution sociale généralisée) / **CRDS** (Contribution au remboursement de la dette sociale) : prélèvements opérés sur le salaire brut et sur les revenus du capital. Début 2003, le niveau de la CSG était de 7,5 % et celui de la CRDS de 0,5 %.

Cotisations sociales : Sommes d'argent retenues sur le salaire brut de tout salarié et versées à l'URSSAF, aux Assedic et aux caisses de retraite complémentaires.

Délégué du personnel : Elu par les salariés pour une période de deux ans, il s'entretient régulièrement avec l'employeur sur tout type de dossier, dont celui de la rémunération. Obligatoire dans les entreprises de plus de 11 salariés.

Épargne salariale : Terme générique qui regroupe les formes de rémunération différée que sont la participation, l'intéressement et l'abondement.

Fonds Commun de Placement d'Entreprise (FCPE) : Fonds collectif qui reçoit l'épargne des salariés et qui l'investit en valeurs mobilières (actions, obligations). On les trouve dans le PEE.

Frais professionnels : Tous les frais que le salarié engage dans l'exercice de sa profession (déplacements par exemple). Leur remboursement n'est pas du salaire.

Indexation des salaires : Clause qui prévoit que les salaires augmentent selon l'évolution d'un indice particulier. À noter que l'indexation sur l'indice des prix établi par l'Insee ou sur l'évolution du SMIC sont interdites.

Intéressement : Mécanisme de rémunération variable en fonction de la réalisation d'objectifs liés aux performances ou résultats de l'entreprise. La formule est collective et ne doit pas se substituer à un élément de salaire existant.

Logement/voiture de fonction : Mis à la disposition du salarié par l'employeur. Considéré comme un avantage en nature ou proposé en contrepartie d'un « loyer ».

Masse salariale : Total de ce que l'entreprise paie au titre des salaires, primes, avantages en nature et charges sociales.

Mutuelle : Terme communément par les salariés pour désigner les groupes de prévoyance ou compagnies d'assurances qui proposent des contrats d'assurance santé et prévoyance aux entreprises et à leurs salariés, moyennant une cotisation.

Négociation collective : Discussion entre organisations syndicales et employeurs pour conclure un accord qui peut traiter de la politique salariale de l'employeur ou prévoir des avantages pour l'ensemble des salariés.

Obligation : Titre qui représente la part d'un emprunt émis par l'État, une collectivité publique, une entreprise nationale ou une société privée. Cette valeur mobilière donne droit à un intérêt sur le capital prêté, qui doit être remboursé à l'échéance.

Participation : Système de distribution aux salariés d'une partie des bénéfices réalisés par l'entreprise. Obligatoire dans les entreprises de plus de 50 salariés (facultatif sinon). Elle est mise en place par accord collectif pour un an.

Plan d'Épargne Entreprise (PEE) : Système d'épargne collectif et facultatif qui permet aux salariés de se constituer un portefeuille de valeurs mobilières. Ce placement peut recevoir la rémunération au titre de la participation et de l'intéressement, un abondement de l'employeur et des versements volontaires du salarié.

Plan d'Épargne Inter-entreprises (PEI) : Les PME et TPE d'un même secteur d'activité ou d'une même zone géographique peuvent se regrouper sur la base d'un accord collectif pour proposer un plan d'épargne équivalent au PEE.

Plan d'Épargne Individuel Retraite (PEIR) : instauré par la réforme des retraites 2003, il vise à se constituer une rente complémentaire pour la retraite. Bénéficiera d'avantages fiscaux.

Plan Partenarial d'Épargne Salariale Volontaire-Retraite (PPESV-R) : remplace le PPESV abrogé par le réforme du

Glossaire

gouvernement Raffarin. Les fonds déposés sur le PPESV-R sont bloqués jusqu'à la retraite.

Prime (ou gratification ou bonus) : Somme d'argent qui vient s'ajouter au salaire de base. Désigne autant une somme récurrente qu'une part variable qui peut être versée si certains objectifs de ventes sont atteints par exemple.

Retraite sur-complémentaire : Régimes de retraite disponibles au sein de l'entreprise, sous forme de plans d'épargne et alimentés en totalité ou majeure partie par l'employeur.

Salaire : Somme d'argent que l'on reçoit en contrepartie de son travail. Inclut aussi les commissions, primes, avantages en nature...

Salaire brut : somme d'argent qui équivaut au salaire proprement dit plus les primes et autres avantages en nature, le tout avant déduction des cotisations sociales.

Salaire net : somme d'argent réellement perçue par le salarié, une fois déduit toutes les cotisations sociales obligatoires.

Salaire Minimum de Croissance (SMIC) : Salaire minimum fixé par le gouvernement, augmenté chaque année au 1er juillet. Aucun salaire versé ne peut lui être inférieur.

Stock-options : Possibilité pour un salarié, sans aucune obligation, d'acheter une action de son entreprise pendant un laps de temps et à un prix définis à l'avance, le tout à conditions privilégiés (un prix inférieur par exemple). On parle aussi « d'option d'achat d'actions ».

Tickets-restaurant (ou chèques-restaurant) **:** Somme d'argent sous forme de ticket/chèque remis aux salariés pour payer en partie leurs repas dans des restaurants agréés pour recevoir ces titres.

Valeurs mobilières : Titres financiers négociables, les plus connus étant les actions et les obligations.

Versements volontaires : Sommes d'argent que chaque salarié peut épargner dans son PEE, utilisé comme un placement d'épargne individuel. Ces versements sont limités chaque année à 25 % de sa rémunération brute annuelle.

www.ingramcontent.com/pod-product-compliance
Lightning Source LLC
Chambersburg PA
CBHW081134170426
43197CB00017B/2855